내 마음을 이해하는

컬러 테라피 처방전

일상을 바꾸는
12색 색채심리 기술

동글디자인

당신은

자신이 어떤 사람인지 잘 알고 있는가?
매일 나답게 살고 있는가?
스스로를 사랑하고 있는가?

이런 질문을 받으면 대부분의 사람이 당황한다.

나는 내가 가장 잘 알아.
그래, 그렇게 생각할 수도 있다.
하지만 마음은 얼굴이나 몸과 달리
아무리 거울을 들여다보아도
눈으로 확인할 수 없다.

많은 사람이 '나다운' 삶을 살기를 바란다.
그리고 자기 스스로를 소중히 여기며
행복해지기를 간절히 바란다.
그런데 '나다움'이란 과연 무엇일까?
'꾸미지 않은 나'란 과연 무엇일까?

색은

그 답을 알려준다.

진짜로 바라는 것

사실은 두려워하는 것

줄곧 잊으려 했던 일

사실은 전하고 싶었던 말

나 자신도 모르는
마음속 목소리를
색이 알려준다.

액티브 컬러 테라피는
퍼스널 컬러를 진단하는 방법이 아니다.
색을 활용해 운세를 점치는 방법도 아니다.
색의 힘을 활용해
나 자신의 목소리에
귀를 기울이는 방법이다.

계속 망설여왔던 이직을 결심했다.
오랫동안 나를 괴롭혔던 실연을 극복했다.
소중한 사람의 죽음을 받아들였다.
내게 남은 시간 동안 주변 사람들에게
감사를 전하고 싶다.

액티브 컬러 테라피를 체험한다면
누군가가 건넨 조언이 아니라
스스로 깨달음을 얻어
나다운 인생을 살기 위한
첫걸음을 내디딜 수 있다.

다른 사람의 시선을 신경 쓰지 않고
마음의 목소리에 귀를 기울이게 된다면
자신을 돌아보고, 있는 그대로의
나를 받아들일 수 있다. 그 순간,
영원히 해결되지 않을 것만 같았던
고민이 놀랍게도 쉽고,
자연스럽게 해결된다.

이 책을 통해 다른 사람이 될 필요는 없어.

있는 그대로의 내가 좋아.

진심으로 그렇게 생각할 수 있게 되길 바란다.

내 마음을 이해하는
컬러 테라피 처방전

프롤로그

평범한 주부로 살아가던 나는 지인의 추천으로 퍼스널 컬러를 공부하기 시작한 뒤 단숨에 색의 매력에 빠져들었다.
'사람에게는 각자 어울리는 색이 있고, 그 색을 몸에 걸침으로써 생기를 되찾는다!'
이러한 사실을 깨달은 뒤 가슴이 두근거려 곧장 컬러 애널리스트 자격증을 취득하고, 10여 년간 다양한 색채 심리학과 컬러 테라피 수업을 수강했다.

하지만 내가 배운 '퍼스널 컬러 진단'과 '색채 성격 진단'에서 컬러 테라피의 한계를 느꼈다. 퍼스널 컬러 진단을 받은 사람은 자신에게 어울리는 색을 찾고자 한다. 하지만 실은 마음속에 '어떤 삶을 살아야 하는지 알고 싶다'라는 생각을 품고 있다.
어울리는 색을 알고 싶다는 욕구는 '나를 알고 싶다'라는 심리의 표출이다. 이런 사람들에게 교과서대로 이렇게 말할 수도 있다.
"당신에게는 이 색이 어울리네요."
"이 색을 선택한 당신은 이런 생각을 하고 있는 것입니다."
실제로 이런 말을 듣고 많은 사람이 만족스러운 얼굴로 돌아간다.
하지만 퍼스널 컬러 진단이나 색채 성격 진단만으로는 사람들의 진짜 고민을 해결해줄 수 없다는 사실이 오랫동안 나를 괴롭혔다.

한편으로는 깊이 공부할수록 색이 지닌 힘에 더욱더 매료되어갔다. 물고기가 물속에서 살고 있다는 사실을 깨닫지 못하는 것처럼 우리 역시 공기처럼 존재하는 다양한 색 속에서 살아가고 있다. 우리는 무의식적으로 그 색을 느끼고 선택하며 살아간다.
많은 고객을 만나며 남성이든 여성이든, 어른이든 아이든 모든 사람이 색을 대할 때 마음이 솔직하게 반응한다는 사실을 깨달았다.

색를 통해 자신을 더 알아가고자 하는 사람들에게 도움이 되고 싶다.
색은 사람의 마음을 솔직하게 표현한다.

내 바람과 깨달음, 그리고 지금까지 공부한 심리학을 바탕으로 태어난 것이 액티브 컬러 테라피다.

액티브 컬러 테라피는 이름대로 '액티브한(능동적인)' 행위다. 매우 쉽고, 누구나 할 수 있다.

다음의 세 단계가 액티브 컬러 테라피의 기본이다.

① 나 자신에게 질문한다.
② 직감에 따라 그 질문에 어울리는 색을 선택한다.
③ 선택한 색에 대한 감정을 말로 표현한다.

매우 쉽지 않은가? 그렇다. 매우 쉽다. 그런데 이 과정을 통해 많은 사람이 "처음으로 내 생각을 깨달았다"라고 말한다.

직감에 따라 선택한 색에서 느껴지는 감정에 몰두하면 다른 생각이 들지 않는다. 오직 자신의 마음에만 집중하게 되어 마음 깊은 곳에 닿을 수 있다.
"당신은 지금 무슨 생각을 하고 있나요?"라는 질문에 제대로 대답하지 못하는 사람도 질문과 답 사이에 색을 개입시키면 자신의 마음을 쉽게 말로 표현할 수 있다.
액티브 컬러 테라피를 체험하며 자신조차 몰랐던 심층 심리를 깨닫고 눈물을 흘린 사람도 많다.

솔직한 자신의 목소리에 귀를 기울이면 나 자신이야말로 가장 든든한 아군이라는 사실을 확실하게 깨달을 수 있다.
그리고 자신을 사랑하고, 자신을 품어줄 수 있게 된다. 자신감이 생기면 자신의 결단에도 확신이 생긴다.

그 결과, 지금까지 끌어안고 있던 고민도, 막연한 불안감도, 답답함도 자연스럽게 사라진다.

이 책에는 액티브 컬러 테라피의 인증 테라피스트가 평소에 실시하는 테라피 내용을 스스로 해낼 수 있도록 개발한 내용이 담겨 있다.
부디 많은 사람이 색을 사용한 테라피를 체험해보길 바란다.

당신도 이 책을 통해 믿음직한 진짜 자신을 만나길 바란다. 그것이야말로 나의 진정한 꿈이며, 색이 내게 맡긴 사명이라고 생각한다.

요시하라 미네코

차례

프롤로그   18

chapter 1. 변하지 않아도 괜찮다

있는 그대로의 내가 가장 아름답다   28
색 자체에는 아무런 의미가 없다   32
색을 활용하면 왜 진심이 드러날까   35
나를 사랑하는 첫걸음은 자기 자신을 아는 것이다   39
[칼럼] 교장 선생님에게도 인기 만점인 액티브 컬러 테라피   43

chapter 2. 인간관계의 고민을 없애자

다른 사람이 아닌 '나 자신'을 바꾸면 편해진다　46

변화를 바라는 자신의 목소리에 귀를 기울이자　50

가장 가까운 존재라 더 진심을 전하기 힘든 관계, 가족　55

파트너와의 관계, 당신 하기에 달렸다　58

색을 통해 아이의 진심을 듣다　60

[칼럼] 답은 항상 그 사람 안에 있다　66

chapter 3. 미래에 대한 불안감을 덜어내자

색을 통해 미래를 알아가자　70

색을 통해 도달한 답을 행동으로 옮기자　73

당신이 진짜로 하고 싶은 일은 무엇인가　77

무언가를 할 나이는 정해져 있지 않다　80

[칼럼] 자신의 인생을 되돌아본 S씨의 이야기　85

chapter 4. 과거의 자신을 수용하자

과거의 경험을 '트라우마'로 만들지 말자　88
마음 깊은 곳에 묻어둔 과거를 품자　92
사랑을 잃어도 당신의 가치는 낮아지지 않는다　94
[칼럼] 색을 느끼는 방법은 사람마다 다르다　97

chapter 5. 생명과 마주하다

자신의 목소리이기에 더욱 진지하게 귀를 기울일 수 있다　100
드디어 들려온 '마음의 소리'　103
남은 시간 동안 감사하고 싶다　109

chapter 6. 12색 액티브 컬러 테라피 '실천편'

1. 오늘의 기분을 알 수 있다   114
2. 매력을 발견하다 [매력 발견 코스]   116
3. 마음의 소리를 듣다 [마음 정리 코스]   118
4. 인간관계의 고민을 해결하다 [인간관계 코스]   125
5. 이상적인 결혼 상대를 알 수 있다
   [베스트 파트너 코스 미혼자 버전]   129
6. 부부 관계를 돌아보다
   [베스트 파트너 코스 기혼자 버전]   132
7. 아이의 마음을 알아가다 [차일드 코스]   136
8. 실연을 극복하다 [실연 테라피 코스]   139
9. 인생에서 중요한 것이 무엇인지 알 수 있다   143
10. 긍정적인 마음을 끌어내다 [액티브 코스]   146
11. 목표를 찾는다   149
12. 시한부 선고를 받은 사람들을 위해 [삶의 질 코스]   151

부록   154
에필로그   163

마음의 소리에 귀를 기울이자.
진짜 마음을 알게 되면
자신을 더욱더 소중히 여기게 된다.
자신을 받아들이고 신뢰하면
대부분의 고민이 사라진다.

chapter 1.

Be yourself
변하지 않아도 괜찮다

있는 그대로의
내가
가장 아름답다

'나는 그녀와 다르다'라는 사실을 깨달은 순간 자유로워졌다

액티브 컬러 테라피가 우리의 삶에 어떤 변화를 가져다줄까? 이 주제를 다루기 전에 잠시 내 이야기를 하고 싶다.

나는 컬러 애널리스트로 20년을 살아왔다. 그리고 컬러 테라피를 개발한 지 벌써 8년이라는 시간이 흘렀다. 색의 매력에 푹 빠진 내가 이 세계에 발을 들여놓은 건 정말 우연이었다. 규슈의 한 시골 마을에서 44세까지 전업주부로 살고 있던 나는 정말 오랜만에 피부관리사 A씨를 만났다. 1985년, 피부관리사라는 직업이 세상에 알려지기 시작했고, 그 유명세에 힘입어 그의 첫 피부관리실이 후쿠오카의 한 백화점에 입점한 즈음이었다.

그는 내게 "꼭 맡기고 싶은 일이 있어"라고 말했다. 그 일은 백화점에 입점한 피부관리실 고객의 퍼스널 컬러를 진단하는 일이었다. 나는 그 일에 필요한 자격증을 취득하기 위해 도쿄로 상경했고, 그때 만난 퍼스널 컬러 진단이 내 인생을 완전히 뒤바꾸어놓았다.

당시 내게는 매우 친한 친구가 있었다. 성별을 가리지 않고 누구에게나 관심을 받는 멋진 사람이었기에 함께 다닐 때면 내가 괜히 우쭐해지곤 했다. 우리는 취향과 가치관이 매우 비슷했고, 흑백을 주축으로 한 모노톤 패션을 선호했다.
같은 옷을 손에 들고 "이거 너무 멋지다!"라고 이야기할 때면 세련된 친구와 마음이 잘 맞는다는 사실이 무척이나 기뻤다. 키도, 체중도 비슷했기에 비슷한 옷을 입고 있으면 마치 쌍둥이가 된 듯한 기분이 들었다.
낮에는 함께 쇼핑을 하거나 식사를 하고, 밤에는 전화로 한참 동안 수다를 떨었다. 정말이지 온종일 그 친구와 함께였다.
그런데 한편으로는 그 친구에게 열등감을 느꼈다. 가게에서 같은 옷을 입어보면 점원으로부터 칭찬의 말을 듣는 건 늘 친구였다. 무척 좋아하는 친구였지만 항상 그녀만 높이 평가받는 현실이 내 마음을 상하게 만들었다.
내가 처음으로 퍼스널 컬러 진단을 받은 것은 바로 그 무렵이었다. 당시 나는 진단을 통해 "당신에게는 모노톤이 어울리지 않습니다"라는 말을 들었다.
옷장에는 검정색 옷이 가득 채워져 있고, 가방 같은 사소한 패션 소품마저 전부 검정색인데 그것이 내게 어울리지 않는다니! 그때 받은 충격은 지금도 잊을 수가 없다.
진단 결과는 충격적이었지만 그와 동시에 '나는 그 친구와 다른 사람이니 굳이 그 친구처럼 될 필요가 없다'라는 사실을 깨달았다. 처음으로 나라는 사람을 독립된 개체로 인정한 순간이었다. 그러자 나도 모르게 마음이 편안해졌다.

"있는 그대로의 나를 받아들이자!"
그 깨달음이 내 인생을 크게 변화시켰다.

나다움을 통해 되찾은 자신감

나와 잘 어울리는 컬러풀한 옷을 입기 시작하자 세상이 바뀌었다. 이 세상에는 무척이나 아름다운 색이 많다는 사실을 깨달았기 때문이다.

시크한 느낌의 옷차림을 선호하는 남편은 "도쿄까지 가서 색채 공부를 했는데 오히려 촌스러워졌잖아"라며 툴툴거렸지만, 어울리는 색을 몸에 걸친 나는 조금씩 자신감이 생기기 시작했다. 친구에게 느꼈던 열등감도 사라졌다.

내 경우에는 '어울리는 색을 바로 아는 것'이 자신감을 회복하는 계기가 되었다. 그렇기에 나는 어울리는 색에 관해 조언하는 퍼스널 컬러 진단을 통해 고객들에게 '있는 그대로의 당신이 가장 아름답습니다'라는 메시지를 전하고 있다.

나다움은 자신감을 회복시킨다

나는 피부관리실에 병설된 퍼스널 컬러 진단실에서 업무를 담당하며 다양한 경험을 했다. 여든이 넘은 어머니를 모시고 온 한 여성 고객은 이후 "어머니가 피트니스 클럽에 다니기 시작했어요"라는 소식을 전해주었다. 퍼스널 컬러를 잘

살린 화려한 운동복을 입자 회원들이 어머니에게 관심을 보이기 시작했고, 그 인기에 힘입어 피트니스 클럽 광고에도 출연하셨다고 한다.

"전날부터 잔뜩 신난 얼굴로 운동복을 고르는 어머니의 모습을 보면 미소가 절로 지어져요. 가끔은 너무 힘이 넘쳐서 제가 다 피곤할 정도라니까요"라고 말하는 고객의 모습이 무척 행복해 보였다.

퍼스널 컬러 진단을 마치고 쇼핑에 동행한 중년 여성이 피팅룸에 들어가 옷을 입어본 뒤 "우와!" 하며 큰 소리를 낸 적도 있다. 깜짝 놀라 이유를 묻자 "이런 내 모습을 처음 봐요"라는 대답이 돌아왔다. 그 들뜬 목소리, 황홀해하는 표정을 떠올리면 지금도 마음이 흐뭇해진다.

어울리는 색을 몸에 걸친 사람들의 얼굴에는 생기가 넘쳐 흐른다. 나다운 색이 무엇인지 깨닫고 그 색을 몸에 걸침으로써 자신감을 회복했기 때문이다. 반짝반짝 빛나는 고객을 볼 때면 마치 내 일처럼 기뻤다.

그 후 나는 퍼스널 컬러 진단에 이론적인 설명을 곁들이기 위해 색채 심리학부터 오라소마(두 가지 색이 담긴 병을 활용해 인간의 내면을 관찰하고 회복하도록 돕는 상담 기법)까지 색에 관한 강의라면 시간, 장소를 가리지 않고 찾아갔다.

그런데 한 가지 문제가 생겼다. 색에 대해 더욱 깊이 공부할수록 내가 느끼는 위화감이 커지기 시작한 것이다.

색 자체에는
아무런
의미가 없다

색 진단에는 한계가 있다

색에 대해 공부할수록 색에 의미를 부여한다는 점이 불편하게 느껴졌다.

기존의 컬러 테라피는 색마다 의미가 규정되어 있고, 테라피스트는 그 의미를 외워 고객이 선택한 색의 해석을 전달한다.

예를 들어 빨강에 부여된 긍정적인 의미는 열정, 에너지 등이고, 부정적인 의미는 분노, 투쟁심, 질투심 등이다.

이러한 획일적인 색의 해석을 전달하는 일이 정말로 고객에게 도움이 되는지, 애초에 이 해석 자체가 옳은 것인지 확신이 서지 않았다.

'같은 빨강이라도 사람에 따라 느끼는 것이 다르지 않을까' 하는 생각을 지울 수가 없었다.

색은 솔직한 마음을 전한다

나는 매일매일 '색은 사람을 솔직하게 만드는 힘을 가지고 있다'라는 사실을 느끼고 있었다.

더 예뻐지고 싶다, 취업 활동을 잘 해내고 싶다, 인기가 많아졌으면 좋겠다 등 긍정적인 이유로 색채 진단을 받는 고객도 있지만, 스스로를 다독이고 격려해주기 위해 진단을 받는 고객도 꽤 많았다. "이런 이야기까지 할 생각은 없었는데……"라고 말하며 실연, 이혼, 사별 등 마음속에 꾹꾹 눌러놓았던 이야기를 꺼내놓는 분들이 적지 않았다.

나는 그들을 통해 색을 마주한 사람은 자신의 속마음을 솔직하게 꺼낼 수 있다는 사실을 실감했다.

액티브 컬러 테라피, 투영법을 활용한 자가 진단법

기존의 컬러 테라피는 테라피스트가 일방적으로 색에 관한 해석을 전달할 뿐, 고객의 심층 심리를 읽어냈다고 말할 수 없다. 하지만 색은 분명 사람을 솔직하게 만드는 힘을 가지고 있다.

이런 생각을 하며 지내던 어느 날, '고객의 마음을 읽는 것이 아니라 색을 활용해 고객의 마음속에 숨어 있는 답을 끌어내면 되지 않을까?'라는 생각이 떠올랐다.

나는 고객들에게 질문을 듣자마자 직감적으로 떠오른 색을 선택하라고 했다. 그리고 그 색의 느낌을 말하도록 했다. 콜

럼버스의 달걀처럼 단순한 방법이지만 고객들은 이 테라피를 높이 평가했다.

그리고 단순히 자신의 심리 상태만 확인하는 데 그치지 않고 "나다운 모습을 깨달을 수 있었다", "나 자신을 사랑할 수 있게 되었다", "인생을 긍정적으로 바라볼 수 있게 되었다" 등의 소감을 들려주었다.

임상 테스트를 정밀하게 조사한 결과, 색에 자신의 목소리를 입히면 외양만이 아니라 내면적인 측면에서도 자신을 수용하고 긍정할 수 있게 된다는 사실을 깨달았다.

일본 정신건강협회의 대표이자 나의 은사인 에토 노부유키(衛藤信之) 선생님은 '투영법'이라 불리는, 심리학을 응용한 매우 논리적인 기법이라고 말씀하셨다.

색의 힘을 빌려 자신도 알지 못했던 본심을 들여다보는 방법이 탄생한 것이다.

색을 활용하면
왜
진심이 드러날까

논리가 사라지면 진심이 드러난다

어느 한 분이 액티브 컬러 테라피를 두고 '본심이 전부 드러나는 테라피'라고 표현했다. 맞는 말이다 싶어 나도 모르게 고개를 끄덕였다.

신기하게도 사람은 색이 개입하면 자신의 감정에 매우 솔직해진다. 질문에 제대로 답하지 못하던 사람도 색을 선택하고 그 색에서 느껴지는 바를 말하게 하면 아주 쉽게 자신의 감정을 털어놓는다.

예전에 코칭을 배울 때 "당신의 목표는 무엇인가요?", "그 목표를 이루기 위해 무엇을 해야 할까요?" 등 끊임없이 쏟아지는 질문에 답을 해야 하는 상황이 무척이나 고통스러웠다. 그래서 액티브 컬러 테라피는 당시의 경험을 참고해 게임처럼 편하게 대답하며 자신의 본심에 도달하는 방법을 택했다.

잠들어 있던 잠재의식에 도달하는 방법

액티브 컬러 테라피에서 색을 선택할 때는 오직 직감에 따라야 한다. 이 방법을 통해 머리로 알고 있는 사실, 즉 현재의식보다 더 깊은 곳에 잠들어 있는 잠재의식 속의 해답을 끌어낼 수 있다.

예를 들어 자신이 되고자 하는 모습을 말로 전달하기보다 '지금의 내게 잘 어울리는 색은 노랑 같은데?'라며 가벼운 마음으로 색을 선택하는 편이 더 쉽다고 느끼는 사람이 많을 것이다.

이처럼 경계심이 허물어진 무방비한 상태에서 선택한 색을 통해 나오는 말들이 무의식 속의 본심을 끌어낸다.

많은 사람이 자신의 감정을 외면한 채 살아간다

액티브 컬러 테라피를 '자신의 본심을 끌어내는 테라피'라고 설명하면 "나는 내가 가장 잘 알아요"라고 대답하는 고객도 있다.

하지만 지금까지 1,000명이 넘는 고객과 상담한 내 경험에 따르면 자신의 마음의 소리에 귀를 기울이며 살아가는 사람은 10%도 채 되지 않았다.

대부분의 사람은 자신도 모르는 사이에 '주변 사람들이 바라는 나'를 연기하며 무의식적으로 자신의 본심을 외면한 채 살아간다.

지금의 내 모습이 마음에 들지 않는다.

인생의 의미를 찾을 수 없다.

다른 사람에 비해 부족한 점들이 신경 쓰인다.

이대로 나이 먹는 것이 너무나 불안하다.

어떤 사람과 평생을 함께해야 하는지 모르겠다.

인생의 갈림길에 서 있지만 선택할 수 없다.

바꾸고 싶은데 무엇을 어떻게 해야 할지 모르겠다.

이런 답답함과 불안감, 고민을 짊어진 이들은 대부분 자신의 목소리를 듣지 못하는 상태였다. 그런 사람들이 액티브 컬러 테라피를 받으며 자신의 마음의 소리를 깨닫고, 자신을 더 소중히 여길 수 있게 되었다고 말한다.

색은 '~해야만 한다'라는 생각에서 벗어나게 한다

테라피를 경험한 20대 여성 R씨는 책임감이 매우 강한 사람이었다. 출근 시간이 되면 업무 스트레스로 배가 아프거나 원형 탈모가 생길 정도로 심각한 거부 반응이 나타났지만, '주변 사람들에게 폐를 끼쳐선 안 되니 계속해서 일을 해야 한다'라는 생각으로 한계에 다다를 때까지 자신을 몰아붙이고 있었다.

R씨는 액티브 컬러 테라피에서 "당신은 어떤 색이 되고 싶나요?"라는 질문에 '하늘색'을 선택한 뒤 이렇게 말했다.

"하늘색을 보면 압박감이 느껴지지 않고 호흡이 편안해져요. 천장이 사라진 느낌이라고 할까요?"

그리고는 무언가를 깨달은 듯한 표정을 짓더니 "어쩌면 일을 그만두고 싶은 걸지도 몰라요"라고 말했다. 자기 입으로 말해놓고 정작 자신이 가장 놀라던 모습이 아직도 생생하게 떠오른다. 그동안 R씨에게 "일을 그만두고 싶다"라는 말은 '입 밖으로 내서는 안 되는 말'이었으리라.

R씨는 한숨을 내쉬고는 자신의 스트레스 원인을 줄줄이 늘어놓기 시작했다. 그리고 마지막에 자신에게 보내는 메시지로 선택한 '파랑색'을 보며 "너무 성실하게 살 필요는 없는 것 같아요. 퇴직을 해야겠어요"라고 말했다. 그의 목소리에는 확신이 가득 차 있었다.

만약 R씨에게 지금 겪고 있는 문제를 확인하기 위해 거듭 질문을 던졌다면 퇴직이라는 결론에 도달하지 못했을지도 모른다. '일을 그만두고 싶다'라는 생각을 했다는 사실에 본인이 가장 놀랄 정도였으니까.

이렇듯 색이 개입하면 '~해야만 한다'라는 생각에서 벗어나 마음을 열고 솔직한 말을 털어놓게 된다.

나를 사랑하는 첫걸음은 자기 자신을 아는 것이다

동양인의 자아존중감이 낮은 이유

앞서 자신의 마음의 소리에 귀를 기울이며 살아가는 사람은 10%도 채 되지 않는다고 이야기했다. 대부분의 사람이 자신의 솔직한 마음을 외면하는 데는 이유가 있다.

서양에서는 초등학교에 입학하기 전에 self-esteem, 즉 '자존감'을 확실하게 교육한다. 어떤 사람이든 장점은 물론 단점도 가지고 있다. 자존감이란 자신의 장점과 단점을 모두 수용하고(이를 '자기수용'이라 한다), 자신이 세상에 하나뿐인 존재라는 사실을 인식하는 것이다. 자존감이 높은 사람은 자신을 소중히 여기고, 높은 자아존중감을 가지고 있다.

그런데 겸손을 미덕으로 여기는 동양인들은 칭찬을 받아도 "아닙니다. 저는 아직 부족해요"라고 말하며 자신을 낮추어야 한다고 교육받는다. 또 '상대방을 존중하고 협력하는 것이 가장 고귀하다'라는 사고방식을 가지고 있어 자신의 주장보다 주변과의 조화를 더욱 중요하게 여긴다.

그 결과, 어른이 되어서도 '나는 결코 특별한 사람이 아니다', '나보다 다른 사람을 더 소중히 여겨야 한다'라고 생각하는 사람이 많다.

있는 그대로의 나를 사랑하자

그렇기에 나는 색을 활용해 자신의 마음의 소리를 듣는 방법이 더욱더 널리 퍼지기를 바란다. 자신을 수용하고 자존감이 생겨 자아존중감이 높아지면 다른 사람을 부러워하거나 질투할 필요가 없어져 주변인들을 편안하게 하는 사람이 될 수 있다.

자신이 소중한 존재인 만큼 '당신도 소중한 존재다'라는 생각을 바탕으로 타인을 허용하는 사람이 늘어나면 이 세상은 더욱 살기 좋은 곳이 될 것이다.

액티브 컬러 테라피 상담 중에 눈물을 흘리는 고객이 꽤 많다. 그들은 "굳이 변할 필요가 없다는 사실을 깨달았어요", "내 마음의 소리를 더 소중히 여기고 싶어요"라고 말했다. 그렇게 말하는 고객들은 다른 이들과 자신을 비교하며 좌절하거나 다른 이들의 눈치를 보며 살아온 경우가 많았다.

액티브 컬러 테라피를 통해 처음으로 자신이 진짜 하고 싶었던 일, 진짜 하고 싶었던 말 등을 깨닫고 지금까지 자신을 억누르며 살아왔다는 사실을 알게 된 것이다.

자신을 받아들이고(자기수용)

세상에 하나뿐인 나를 소중히 여기는 것(자아존중).

이 두 가지를 해내면 인생이 매우 편안해진다. 이것이 바로 액티브 컬러 테라피를 경험한 사람들이 겪는 가장 큰 변화이며, 색의 힘을 빌릴 때 느끼는 가장 큰 매력이다.

다른 사람을 신경 쓰지 말자

액티브 컬러 테라피를 경험한 고객 중에 중학생도 있었다. 지병으로 발작을 일으켜 학교에서 쓰러진 T씨는 당시 상황을 놀림거리로 삼은 친구 때문에 인간에 대한 불신감이 싹텄고, 결국 등교를 거부하게 되었다.

그런 T씨의 사정을 딱하게 생각한 학원 선생님이 마음 치유를 위해 그녀에게 액티브 컬러 테라피를 추천해주었고, 그렇게 만남이 이루어졌다.

장녀인 T씨는 책임감이 강한데다 대단한 노력가였다. 학생회에서 중요한 역할을 맡고 있었는데, 사람들의 시선을 무척이나 신경 쓰는 듯했다. 그런 T씨가 선택한 색을 통해 자신에게 전한 메시지는 "좋아하는 일에 집중하고 다른 사람의 시선은 신경 쓰지 마!"였다.

T씨는 용기를 얻어 "누가 뭐라고 하든 나는 나야!"라고 말하며 단단히 마음을 먹었고, 다시 등교하기 시작했다. 그 후 배드민턴 대회에 나가 우승을 하고, 영어시험에서 높은 점

수를 받는 등 완벽하게 자신감을 회복했다.

'다른 사람의 시선은 신경 쓰지 말자', '누가 뭐라고 하든 나는 나다'라고 생각하는 것은 무척이나 어려운 일이다.

T씨는 아직 중학생이지만 그 사실을 깨달았다. 액티브 컬러 테라피를 찾는 고객은 대부분 "지금까지 다른 사람들의 시선을 신경 쓰며 살아왔다는 사실을 오늘 처음 깨달았다"라고 말한다.

액티브 컬러 테라피를 활용해 자신을 받아들이고 존중할 수 있게 되면, 고민이 놀라울 정도로 가벼워지다 어느새 연기처럼 사라져버린다.

[칼럼] 교장 선생님에게도 인기 만점인 액티브 컬러 테라피

코칭 프로이자 액티브 컬러 테라피스트 자격증을 보유한 H씨에게 들은 이야기다. 그는 다양한 직업을 가진 사람을 대상으로 코칭을 진행한다.

그중에서도 교장 선생님들의 연수에서 아이스 브레이킹 도구로 액티브 컬러 테라피를 활용했을 때가 특히 기억에 남는다고 했다. 처음에는 모두 심각한 표정으로 앉아 있었는데, 나다운 색을 고르고 해석하는 과정에서 자연스럽게 긴장이 풀어져 자신의 이야기를 늘어놓는 사람이 많아졌고, 그 덕분에 생각보다 훨씬 즐겁게 코칭을 진행할 수 있었다고 한다.

노란색을 고른 교장 선생님은 "다들 제가 답답하고 융통성이 없다고 말하는데, 사실 꽤 낙천적이라 어떻게든 된다고 생각하는 타입이에요"라고 말했고, 파란색을 고른 교장 선생님은 "저를 보고 의욕적으로 전진하는 타입이라고 말하는 사람이 많은데, 실은 돌다리도 몇 번이고 두드려보고 확인한 후에야 전력으로 달리는 스타일이에요"라고 말했다.

보통 처음 만난 사이, 게다가 남성만 모인 자리에서는 자신의 이야기를 꺼내놓기가 쉽지 않다. 하지만 색이 개입하면 놀랍게도 대화가 활기를 띤다.

어쩌면 무거운 책임을 져야 하는 이들이나 평소에 좀처럼 개인적인 이야기를 꺼내지 않는 남성이야말로 액티브 컬러 테라피를 통해 진실한 자신과 마주할 수 있을지도 모른다.

직장에 불편한 사람이 있는가?
파트너와 마음이 맞지 않는가?
복잡한 인간관계에도 색이 도움이 된다.
상대방이 아니라 자신의 마음과 행동에 집중하는 것!
그것이야말로 인간관계의 고민을 해결하는 열쇠다.

chapter 2.

Human relations
인간관계의 고민을 없애자

[추천 코스]

- 마음 정리 코스 → 118쪽
- 베스트 파트너 코스 → 129, 132쪽
- 인간관계 코스 → 125쪽
- 차일드 코스 → 136쪽

다른 사람이 아닌
'나 자신'을
바꾸면 편해진다

상대방을 바꾸기는 어렵지만, 나 자신은 바꿀 수 있다. 그렇기에 인간관계를 개선하려면 자신의 언동을 바꾸는 편이 낫다. 이는 심리학 분야에서 자주 언급되는 이야기다.

예를 들어 파트너의 단점만 눈에 들어와 '당연히 이렇게 해야 하는데 저 사람은 대체 왜 그러지?'라며 불만이 폭발하기 일보 직전인 사람이 있다고 가정하자. 이럴 때 상대방이 자신의 바람대로 바뀌기를 바라는 것보다 자신이 할 수 있는 일을 찾는 편이 훨씬 큰 효과를 발휘하고 확실한 변화를 가져온다.

다만 "자신의 언동을 바꾸어라"라는 말을 들어도 무엇을 어떻게 해야 하는지 갈피를 잡지 못하는 사람이 있을 것이다. 이럴 때도 색의 힘을 활용한 테라피가 큰 도움이 된다.

관계가 삐걱대던 두 사람이 결혼을?

20대 후반 N씨는 "요즘 남자친구를 만나면 너무 짜증이 나요. 그래서 다투는 일이 많아요"라고 불만을 토로하며 테라피를 신청했다.

N씨는 "먼저 색을 통해 자신의 마음을 정리해보도록 하죠"라는 나의 제안에 따라 직감적으로 색을 골랐다. N씨가 '이상적인 자신'으로 선택한 색은 '흰색'이었다. 그녀는 흰색을 선택한 순간 무언가 깨달은 듯한 표정을 지으며 이렇게 말했다

"이 흰색은 웨딩드레스예요. 저는 남자친구와 결혼할 생각을 하고 있었어요!"

마음속 깊은 곳에서 결혼을 바라면서도 자신의 본심을 외면하고 남자친구가 먼저 말을 꺼내기를 기다렸다는 사실을 인식한 순간이었다. 그리고 이 잠재의식이 두 사람의 관계를 방해하는 원인이었다는 사실도 깨달았다.

그로부터 6개월 뒤, N씨는 자신의 마음에 따라 솔직하게 행동하며 남자친구와 함께하는 시간을 소중히 여긴 결과, 결혼 날짜가 정해졌다는 소식을 전해주었다.

자신의 마음은 볼 수도, 만질 수도 없다. 하지만 색을 통해 모습을 드러내기도 한다. N씨의 경우, 상대방을 변화시키기 위해 노력하기보다 자신의 마음에 따라 솔직하게 행동해 남자친구와의 관계를 개선했다.

이처럼 자신의 본심을 깨닫고 자신이 먼저 행동을 바꾸면

인간관계의 고민이 해결되는 경우가 많다.

반복되는 이야기지만, 자신의 본심을 깨달으면 자기 자신을 소중히 여길 수 있게 되며, 자기수용이 자아존중감으로 이어져 다른 사람도 소중히 여기게 된다. 그리고 자신처럼 상대방도 소중한 존재라는 사실을 깨달으면 평온한 삶을 살아갈 수 있게 된다.

이혼을 원하던 S씨, 본심을 깨닫다

40대 S씨는 남편과 가치관이 맞지 않았다. 특히 돈에 대한 감각이 너무 다르다고 말하며 "이혼을 고민하고 있어요"라고 하소연할 정도였다.

S씨는 쇼핑을 하는 것이 삶의 기쁨이었지만 무언가를 사들고 집에 돌아올 때마다 "돈 좀 그만 써!"라고 목소리를 높이며 언짢아하는 남편 때문에 너무 괴롭다고 불만을 토로했다. 색을 활용한 테라피를 통해 마음을 정리한 결과, S씨는 마지막에 '분홍색'을 골랐다. 그리고 분홍색에서 '천진난만함', '밝음' 등의 단어를 떠올리며 남편과 처음 만났을 무렵의 자신처럼 느껴진다고 말했다. 그러다 설레는 마음으로 구입한 옷을 보여주고 싶은 사람은 남편이었다는 사실을 깨달았다.

S씨가 "돈 좀 그만 써!"라는 남편의 말에 '이혼'이라는 단어를 언급할 정도로 화를 낸 이유는 사실 남편이 자신을 좀 더 봐주기를 바라는 마음 때문이었다. S씨는 금방이라도 분노

가 폭발할 것 같았던 테라피 초반과 달리 밝은 미소를 지으며 "제 마음을 남편에게 솔직하게 전해야겠어요"라고 말했다. 자신의 본심을 깨닫고 자신이 먼저 소통하려고 노력하면 또 다른 관계가 만들어진다.

분노는 제2의 감정

심리학에서는 '분노는 제2의 감정이다'라고 말한다. 분노가 발생하기 이전에 다른 감정이 발생하고, 그 감정에 의해 분노가 표출된다고 여긴다.

남자친구와 항상 싸우기만 한다던 N씨의 분노는 결혼하고 싶다는 말을 꺼내지 못하는 불안감에서 비롯되었다. S씨의 경우에는 '남편이 자신을 바라봐주지 않는다'라는 외로움이 분노를 낳았다.

이처럼 자신이 누군가에게 분노를 느낄 때는 분노 이전에 다른 감정이 존재한다는 사실을 떠올리면 마음이 편안해진다. 자신이 분노하는 이유를 알면 그 이유를 상대방에게 전달해 대화를 나눌 수도 있고, 자기 자신을 돌아볼 수도 있다.

만약 자신의 본심이 잘 보이지 않는다면 부디 색의 힘을 활용하길 바란다.

변화를 바라는
자신의 목소리에
귀를 기울이자

사람은 변화를 두려워한다. 그래서 어려움을 맞닥뜨렸을 때 현재의 상황을 외면하고 참는 선택을 하는 이들도 많다. 하지만 자신의 마음의 소리에 귀를 기울이면, 사실 '변하고 싶다'라고 생각하고 있다는 사실을 깨닫기도 한다.

앞서 인간관계의 핵심은 '다른 사람이 바뀌기를 바라는 것보다 자신이 할 수 있는 일을 찾는 편이 더욱 효과적이다'라고 이야기했다. 자신의 마음에 따라 진실되게 행동하면 비로소 스트레스와 고민에서 해방되기 때문이다.

'검정색'이 나타낸 심층 심리

30대 여성 T씨는 가벼운 마음으로 액티브 컬러 테라피를 체험하러 왔다. 그리고 직감에 따라 '이상적인 자신의 모습을 방해하는 색'으로 '검정색'을 골랐다. 그녀에게 검정색에서 어떤 감정이 느껴졌는지 묻자 "불편하다", "답답하다" 등의 대답이 돌아왔다. T씨는 "이 검정색은 제가 근무하는 곳의

사장님이에요"라고 말하며 계속해서 말을 이어나갔다.
"요즘 출근할 때 종종 숨이 막혔어요. 탈모도 생겨서 대체 왜 그럴까 고민하고 있었죠."
그녀는 마침내 스트레스의 원인을 깨달은 듯했다.
T씨는 고민이 있어 테라피를 받으러 온 고객이 아니었다. 이처럼 자신의 마음 깊은 곳에 숨겨둔 감정을 들여다보고 나서야 건강을 해칠 정도로 심각한 스트레스를 받고 있었다는 사실을 깨닫는 사람도 적지 않다.

고민하고 있다는 사실을 깨닫지 못할 때도 있다

나를 찾아온 대부분의 사람은 심각한 고민이 있거나 당장 해결해야 하는 어려움을 맞닥뜨린 이들이 아니었다. T씨처럼 색을 활용한 심리 테스트라는 생각으로 가벼운 마음으로 방문했다.

하지만 테라피를 체험한 이들은 자신의 깊은 내면을 알 수 있었다고 이야기했다. "사실 저는 이런 생각을 하고 있었네요"라고 말하며 놀란 듯한 표정을 보인 이들이 꽤 많았다.

그만큼 사람은 자기 내면의 목소리에 귀를 기울이지 않는다. 자신을 소중히 여기기보다 타인의 가치관을 우선으로 여기고 세상 사람들의 시선을 신경 쓴다.

T씨는 무척 성실한 사람이었다. 그렇기에 몸에 이상이 생겼음에도 사장과 협력해 일을 해나가기 위해 마음의 소리를 외

면하고 있었다. 그로부터 몇 개월 후 벚꽃이 아름답게 핀 어느 날, T씨에게 전화가 왔다. 그녀는 "지금 회사에서 퇴사하고 나오는 길이에요"라고 말했다.

T씨는 내면의 소리를 받아들이고 변화를 선택했다.

"저는 꾸미는 걸 무척 좋아해요. 그런데 그동안 쇼핑을 하고 싶다는 마음도 별로 들지 않았고, 백화점 디스플레이가 봄옷으로 바뀐 줄도 몰랐어요. 지금 예쁜 옷을 사러 가려고요."

무척이나 화사한 그녀의 목소리에 나 역시 기분이 좋아졌다.

같은 말이라도 어떻게 받아들이느냐에 따라 인생이 바뀐다

나는 현재 후쿠오카현 오무타시에 거주하고 있다. 이곳은 구마모토현과 가까워 2016년에 구마모토 지진이 발생했을 때 상당히 큰 영향을 받았다. 다행히 내가 사는 곳은 큰 피해가 없었지만, 여전히 임시 주택에 살고 있는 지인도 있어 너무나 가슴이 아프다.

이 지진으로 아소신사의 입구가 무너졌을 때 "저 모습을 보니 아무리 신에게 열심히 기도해도 소용이 없어"라는 이야기가 들려왔다.

그 무렵 NHK(일본방송협회) 특집 프로그램에서 한 리포터가 이렇게 말했다.

"저는 '아소신사와 구마모토성이 구마모토 사람들을 대신해서 무너진 겁니다. 그러니 은혜를 갚기 위해 구마모토는 힘을 내야 합니다'라는 사람들의 말에 감동했고, 구마모토의 저력을 느꼈습니다."

이 일을 통해 같은 상황을 보아도 사람마다 느끼는 방식이 다르다는 사실을 새삼 깨달았다. 그리고 이는 인간관계에도 똑같이 적용된다고 느꼈다.

많은 사람이 '저 사람은 어떻게 그런 말을 하지? 나를 믿지 않나 봐'라고 생각하기도 하고, 사소한 일을 계기로 멋대로 '내가 귀찮아서 피하는 거구나'라고 생각하기도 한다.

자신이 쓴 각본에 사로잡혀 진실을 확인하지 않은 탓에 관계가 어색해지는 경우도 많다. 직장에서 끊임없이 문제를 일으키는 후배와의 관계 때문에 '인간관계 코스(125쪽)' 테라피를 신청한 50대 여성 E씨도 비슷한 경우였다.

그녀는 "이런 게 세대 차이일까요?"라고 말하며 고민을 털어놓았지만, '초록색'을 선택한 뒤 "받아들이고 지켜봐야겠어요"라는 말을 끌어냈다.

'이야기를 들어준다', '편하게 말할 수 있도록 돕는다', '불안함이 사라지도록 돕는다', '숲처럼 감싸준다'라는 것이 자신이 해야 할 일이라는 사실을 깨달은 E씨는 힘찬 목소리로 이렇게 말했다.

"이제는 도망치지 않겠어요!"

이제 마음을 정했다며 후련한 표정으로 돌아간 E씨는 며칠 후에 내게 전화를 걸어 소식을 전해주었다.

"고민의 원인이었던 후배가 익숙하지 않은 직장에서 스트레스가 쌓여 마음이 넓은 제게 응석을 부렸다고 말하더군요.

후배가 저를 싫어한다고 생각했던 건 제 착각이었어요."
E씨를 통해 자기 생각대로 상대방을 바꿀 수는 없지만, 지금 이곳에 존재하는 내가 상대방을 어떻게 대하느냐에 따라 관계성을 바꿀 수 있다는 사실을 배울 수 있었다.

가장 가까운 존재라
더 진심을 전하기
힘든 관계, 가족

가족에 대한 감정은 타인에 대한 감정과 달리 좀 더 복잡하다. 항상 곁에 있기에 멋대로 판단하거나 자신의 가치관에 따라 바라보기 마련이다. 이럴 때 색이 개입하면 생각지도 못했던 솔직한 마음을 들을 수 있다.

매일 함께 생활하면서도 알지 못했던 어머니의 마음

50대 S씨는 액티브 컬러 테라피 인증 테라피스트로, 80세가 넘은 어머니의 앞날이 걱정되어 테라피를 진행했다고 한다. 어머니는 자신이 그리는 미래를 의미하는 색으로 '파란색'과 '오렌지색'을 골랐고, 그 색에서 떠오르는 이미지는 '밤을 밝히는 가로등'이라고 대답했다.

고개를 갸웃거리는 S씨를 보며 어머니는 "밤의 가로등은 사람들에게 도움이 되잖니. 나도 다른 사람들에게 도움이 되고 싶어!"라고 말했다고 한다.

S씨는 내게 이렇게 말했다.

"그러고 보니 어머니는 틈만 나면 양말이나 아크릴 수세미를 만들어 기쁜 표정으로 사람들에게 선물하곤 했어요."

S씨는 어머니가 언제 치매 증상을 보일지, 언제부터 돌봄이 필요하게 될지 알 수 없어 걱정이 많았다. 하지만 테라피를 통해 어머니가 다른 사람에게 돌봄을 받을 생각이 전혀 없으며, 긍정적인 마음으로 누군가에게 도움이 되는 삶을 살기를 원한다는 사실을 알게 되었다. S씨는 "어머니와 매일 함께하는데도 어머니를 전혀 몰랐어요"라고 말했다.

어머니는 현재 90세가 넘었지만, 여전히 건강하시다. S씨는 이렇게 말했다.

"이제는 다리 힘이 많이 약해지셨어요. 그래서 다른 사람에게 도움을 주는 것도 좋지만, 도움을 받는 것도 중요하다고 꾸준히 이야기하고 있어요."

가족을 설득해 독립을 한 A씨의 이야기

소중한 가족을 생각해 자신의 마음을 제대로 전하지 못하는 경우도 있다. 이럴 때는 다른 사람에게 "네가 원하는 대로 해!"라는 조언을 들어도 마음 가는 대로 행동하기가 쉽지 않다.

20대 여성 A씨는 대학을 졸업하고 도쿄에서 일하며 가족들과 함께 살고 있었다. 그녀는 가족 행사를 위해 친척집이 있는 규수에 머무는 동안 '나 자신을 돌아보고 싶다'라는 생각이 들어 컬러 테라피를 신청했다.

A씨가 테라피를 마치며 선택한 색은 '보라색'이었다. 그녀는 보라색을 보며 '고민하지 않고 활기찬 나 자신'을 떠올렸다며 이렇게 말했다.

"이곳 규슈에서 새로운 삶을 시작하고 싶어요."

A씨는 어릴 때부터 아토피가 심해 먹는 것, 입는 것을 신경 써야만 했다. 그런데 규슈에 머무는 동안 맑은 공기를 마시고 신선한 음식을 먹어서인지 몸이 가벼워진 것이 느껴졌다. A씨는 "지금까지 단 한 번도 부모님과 떨어져서 생활해본 적이 없지만, 테라피를 받고 독립을 결심했어요"라고 말했다.

그 후 A씨가 보여준 행동은 무척 놀라웠다. 다음 날 오후 구인 광고지에서 찾아낸 가게에 방문해 면접을 보고 채용을 확정했다. 부모님께는 채용 결과가 나온 후에 상황을 이야기했고, 잘 설득한 끝에 결국 독립을 했다. A씨의 모습을 보며 '다른 사람의 강요가 아니라 자기 스스로가 정한 일이기에 힘찬 걸음을 내디딜 수 있구나'라고 생각했다.

그 후 A씨로부터 "첫 자취 생활이 너무 즐거워요. 좋은 의사 선생님을 만나 아토피도 많이 좋아졌어요"라는 연락을 받았다. 내 일처럼 너무나 기쁘고 안심이 되었다.

파트너와의 관계, 당신 하기에 달렸다

남편을 더 사랑하게 되었어요

얼마 전에 테라피를 받은 30대 H씨는 매우 사근사근한 사람이었다. 그녀는 "고민이라고 하기는 좀 그런데……"라는 말을 시작으로 남편과의 관계를 털어놓았다.

H씨는 매우 심각한 표정으로 이렇게 말했다.

"남편은 무척 좋은 사람이지만 제가 혼자 외출하는 걸 싫어해요. 친구와 함께 여행을 가기로 했는데 말을 꺼내기가 어려워요. 그 외에는 남편에게 전혀 불만이 없어요."

H씨는 테라피를 통해 "남편에게 편지를 써서 제가 원하는 것을 이야기해야겠어요"라는 결론에 도달했다.

그러던 어느 날 거리에서 우연히 H씨를 만났다. 멀찍이서 나를 발견한 H씨는 헐레벌떡 달려와 그동안의 소식을 전해주었다.

"테라피를 받고 나서 남편에게 편지를 썼더니 바로 허락해주었어요. 덕분에 친구와 2박 3일 여행을 다녀왔어요."

'남편은 당연히 허락해주지 않을 거야'라는 생각에 조금은 남편을 원망한 H씨는 "제가 멋대로 그렇게 생각했던 거죠. 색을 통해 도달한 해결법을 실천하길 정말 잘했어요"라고 말하며 행복한 표정을 지었다. "남편이 더 좋아졌어요"라고 말하는 H씨의 환한 얼굴을 보니 나 역시 덩달아 행복해졌다.

인간관계의 고민은 상대방이 내가 바라는 모습으로 변하지 않는다는 점에서 비롯된다. 그렇다면 자신이 먼저 행동하자. H씨의 후일담을 들으며 다시금 그 사실을 깨달았다.

색을 통해
아이의
진심을 듣다

인간관계의 고민은 직장이나 부부 사이 외에도 존재한다. 어린 자녀를 대하는 방법이 고민이라며 혼자, 혹은 아이의 손을 잡고 찾아오는 고객도 꽤 많다.
액티브 컬러 테라피에는 '차일드 코스(136쪽)'가 있다. 이는 아이의 진심을 듣기 위해 만든 코스다. 색을 매개로 삼아 직감적으로 자신의 감정을 전달하기 때문에 분별력 있는 초등학생 정도 아이라면 테라피를 받을 수 있다.

나보다 엄마가 더 걱정이야

얼마 전에 귀여운 여덟 살 여자아이가 액티브 컬러 테라피를 받으러 왔다. 초롱초롱한 눈동자를 지닌 무척이나 똑똑하고 순수한 아이였다.
색에 대한 감각이 매우 뛰어나 실버를 "흰색보다 센 척하고 화가 난 느낌이에요"라고 표현한 후 "하지만 엄마가 화를 내면 외롭다고 했어요. 친구가 없어진다고 해서 새로운 실버는 사과도 할 줄 알아요"라고 말하는 것에 깊은 감명을 받았다. 흰색을 본 아이는 "아무것도 없어서 외로운 느낌이에요"라고 표현했다. 그리고는 "외로울 때 방에 가면 하얀 이불이 있어요. 그 안에 파고들면 마음이 놓이기도 하고 용기가 생기기도 해요"라고 말했다.

이 아이의 부모는 테라피를 받기 직전에 이혼했다. 어머니는 아이의 심리 상태가 걱정되어 나를 찾아온 것이었다. 걱정과 달리 아이가 마지막에 고른 색을 통해 전한 말은 무척이나 놀라웠다. 아이는 카드에 맑게 갠 하늘과 무지개를 그린 뒤 이런 메모를 남겨놓았다.

'마음에 비가 스며들면 마음이 녹아서 슬퍼져.'
'울지 말고 웃어.'
'고개를 들어봐. 눈물의 비 사이로 무지개가 뜰 테니까.'
모두 어머니를 배려하는 말이었다.

그 카드를 본 어머니는 "아이가 상처받았다고 생각했어요. 그런데 오히려 아이가 저를 걱정하고 있었네요"라고 말했다. 절절히 이야기하던 어머니의 모습이 지금도 또렷하게 생각난다.

이 테라피에는 후일담이 있다. 이 귀여운 여자아이가 또 테라피를 받으러 왔기 때문이다. 몇 개월 전에는 어머니만 걱정하던 아이가 두 번째 테라피에서는 자신에게 초점을 맞추었다. 마지막에 '분홍색'을 선택한 아이는 "여자아이라면 예쁘게 꾸며야죠"라고 말하며 생글생글 웃었다.

이처럼 같은 테라피를 다른 시기에 진행하면 아이의 심리적

변화가 명확하게 드러나기도 한다.

아이는 대화 상대를 선택할 수 없다

'아이들은 어른과 달리 솔직해서 하고 싶은 말을 자유롭게 한다'라고 생각하는 사람이 많다. 하지만 꼭 그렇지만은 않다. 나는 액티브 컬러 테라피의 '차일드 코스'를 시작한 뒤 그러한 사실을 더욱 뼈저리게 깨달았다.

예전에 액티브 컬러 테라피 모니터링을 해준 초등학교 4학년 E양의 이야기를 하려고 한다. 어느 날 E양의 어머니로부터 "아이가 컬러 테라피를 받고 싶다며 열심히 용돈을 모으고 있어요. 혹시 또 테라피를 받을 수 있을까요?"라는 전화가 걸려왔다. 나는 기쁜 마음으로 무료 테라피를 해주겠다고 대답했다.

약속한 날 E양은 생글생글 웃으며 테라피를 마쳤다. 그런데 어머니와 내가 대화를 나누는 그 짧은 시간 동안 꾸벅꾸벅 조는 것이 아닌가. 어머니는 깜짝 놀란 내게 이렇게 말했다.

"아이가 친구가 많은 편이 아니라 오늘 테라피를 무척 기대했어요. 그러다 보니 어젯밤에 잠을 푹 자지 못한 것 같아요."

그리고 잠시 아이를 바라본 뒤 말을 이어나갔다.

"학교 선생님은 많은 아이를 돌보기 때문에 아이들은 무의식적으로 선생님을 배려하며 선생님이 바라는 화제나 답만을 내놓죠. 저도 일하느라 바빠서 아이의 이야기를 제대로 들어주지 못해요. 어른에게 무엇이든 털어놓을 수 있는 기회가 많지 않다 보니 테라피를 무척 기대했나 봐요."

순간 가슴이 아렸다. 실제로 테라피를 경험한 뒤 "계속해서 테라피를 이어나가고 싶어요"라고 말하는 아이가 꽤 많다. 어른은 "이 화제는 저 사람이 좋아하겠지", "이 이야기는 그 사람에게 하면 되겠다"와 같이 대화 상대를 선택할 수 있지만, 아이들의 대화 상대는 집, 혹은 학교로 한정된다. 따라서 그곳에서 충분히 대화를 나누지 못하면 어른보다 더 심각한 외로움을 느끼게 될 수도 있다.

이 일을 계기로 나 역시 아이들의 이야기에 제대로 귀를 기울였는지 되돌아보는 시간을 가졌다.

학교를 방문하며 깨달은 진심, "나를 제대로 봐줘!"

액티브 컬러 테라피를 진행하면서 자기 이야기를 제대로 들어주고 자기를 제대로 봐주는 사람이 있다는 사실을 깨닫기만 해도 아이의 마음이 안정되고 인간관계가 개선된다는 사실을 확인했다.

예전에 한 초등학교로부터 액티브 컬러 테라피를 진행해달라는 요청을 받았다. 그때 나는 보건실에서 선생님과만 대화를 나누는 Y양의 테라피를 맡았다. Y양은 테라피를 마친 후 자신의 마음을 카드에 그리는 마지막 단계에 깊이 몰두했다. 나는 자칫하면 다음 학생의 테라피 시간이 부족할 듯해 초조한 마음에 입구로 살짝 시선을 돌렸다. 그러자 Y양은 "제대로 봐줘요!"라고 목소리를 높이며 화를 냈다.

나는 아주 잠시였지만 집중하지 않았다는 사실이 미안해 Y양에게 사과의 말을 건네고 다시 집중했다. 그러자 Y양은 만족스러운 표정으로 다시 그림을 그리기 시작했다.

그 후 학교로부터 보건 선생님과만 대화를 나누던 Y양이 다른 선생님에게도 말을 건네며 자신의 마음을 표현하기 시작했다는 연락을 받았다.

나는 아이와의 관계도 어른과 같다는 사실을 깨달았다. Y양을 바꾸려고 하기보다 내가 먼저 진지하게 귀를 기울이고 그림을 그리는 모습을 바라본 것이 Y양의 행동을 변화시켰다.

아이들도 '말하기 힘들 때'가 있다

내가 만난 아이 중에는 자신의 진심을 누구에게도 털어놓지 못하고 괴로워하는 아이도 있었다. 따돌림을 당하고 선생님들을 고생시키던 한 남자아이는 마지막에 선택한 색으로 아무도 없는 산과 들판을 그리며 "나는 사람들에게 상처를 주는 존재이니 아무도 없는 곳으로 가고 싶어"라고 작게 중얼거렸다.

어떤 말로 설득을 해도 공부할 생각을 하지 않는다며 부모님의 손에 이끌려 나를 찾아온 한 여중생은 '신경 쓰이는 것'에 관한 질문에 자신이 선택한 색을 보며 "수학은 너무 어려워. 과외를 받고 싶은데……"라고 말하기도 했다.

액티브 컬러 테라피를 진행하는 테라피스트는 내담자의 비밀을 유지할 의무가 있기에 이러한 이야기를 부모님께 그대로 전달할 수는 없었다.

"괜찮으시다면 자녀분께 직접 물어보세요"라고 말할 수밖에 없지만, 테라피를 마친 후 자녀와의 관계가 개선되었다는 이야기를 들으면 무척 기쁘다.

아이들은 색을 활용한 테라피를 통해 어른보다 더 큰 변화를 경험하고 성장한다. 자녀의 솔직한 마음에 귀를 기울이고 싶다면 '차일드 코스'를 활용하길 바란다.

[칼럼] 답은 항상 그 사람 안에 있다

액티브 컬러 테라피를 진행할 때 이따금 떠오르는 옛 풍경이 있다. 벌써 15년 전의 이야기다. 도쿄의 한 쇼핑몰에 들렀는데, 사람도 물건도 없는 가게가 눈에 들어왔다. 폐점하는 가게인가 싶어 기웃거리니 실험실에서나 입을 법한 하얀 가운을 입은 젊은 남성 두 명이 생글생글 웃으며 나타나 이렇게 말했다.

"이곳은 맞춤형 꽃집입니다. 꽃을 선물하고 싶은 분의 이미지나 분위기를 확인한 후에 화훼 시장에서 꽃을 매입해 꽃다발을 만들어 드리죠."

그때는 '참 신기한 가게구나'라고 생각하며 뒤돌아서 나왔는데, 몇 개월이 지난 후 그 가게의 이름이 '자르뎅 드 플뢰르(JARDINS des FLEURS)'라는 사실을 알게 되었다.

그 후 그곳에서 종종 꽃을 주문했다. 여동생에게 선물할 꽃을 주문했을 때는 직원이 꽃다발을 아주 소중한 물건처럼 품에 안고 배달해주었다는 이야기를 듣고 무척이나 놀랐다.

자르뎅 드 플뢰르는 유명한 브랜드의 디스플레이를 잇달아 담당하고, 파리 컬렉션의 꽃 장식을 담당하는 등 널리널리 이름을 알렸다. 액티브 컬러 테라피를 개발할 때, 주제넘지만 마음속 한구석에 자르뎅 드 플뢰르를 떠올렸다.

'내가 바라는 꽃다발이 아닌, 상대방의 바람에 화답하기 위해 시장을 찾는다!'

이 행동을 컬러 테라피에 빗대면 '빨간색'의 의미를 강요하는 것이 아니라 고객이 상상하는 '빨간색'의 의미에 귀를 기울이는 것이라 할 수 있다. 답은 항상 그 사람 안에 있다고 생각하는 것이야말로 액티브 컬러 테라피의 핵심이다.

자신을 믿으면
자연스럽게 앞날이 보인다.
액티브 컬러 테라피를 통해
'진짜로 내가 바라는 것'을
자신의 언어로 표현할 수 있기에
미래에 대한 막연한 불안감이 사라진다.

chapter 3.

Fear for the future
미래에 대한 불안감을 덜어내자

[추천 코스]

- 마음 정리 코스 → 118쪽
- 실연 테라피 코스 → 139쪽
- 액티브 코스 → 146쪽
- 인생에서 중요한 것이 무엇인지 알 수 있다 코스 → 143쪽

색을 통해
미래를
알아가자

미래가 불안한 이유

미래에 막연한 불안감을 느끼며 이렇게 말하는 사람이 많다.
"내 인생은 이대로 괜찮은 걸까?"
"갈수록 나이가 드는 게 두려워."
불안감은 자신이 진짜 바라는 것이 무엇인지 알지 못하기 때문에 발생한다. 자신이 진정으로 하고 싶은 일이 무엇인지 명확해지면 미래를 내다볼 수 있기에 마음이 평온해지고 고민도 사라진다.

나 자신의 응원이 가장 큰 힘이 된다

IT 관련 회사에서 일하는 30대 남성 Y씨도 미래에 대한 막연한 불안감을 가지고 있었다. 자신이 앞으로 하고 싶은 일, 되고 싶은 모습을 아무리 상상해도 그려지지 않아 자신을 되돌아보기 위해 액티브 컬러 테라피 '마음 정리 코스(118

쪽)'를 진행했다.

지금까지 '이 일을 계속해도 될까?' 고민하던 Y씨는 테라피가 끝날 무렵에 "목적이 명확하지 않은 상태에서 성장해야 한다고 생각하며 지금의 나 자신을 부정하고 있었다는 사실을 깨달았습니다"라고 말했다. "지금부터라도 천천히 단계를 밟아나가면 되겠죠"라며 스스로 도달한 결론을 담담하게 이야기하던 그는 "갑자기 마음이 편안해지네요"라고 말하며 상쾌한 표정을 지었다.

50대 여성 F씨는 대형 발표를 앞두고 마음이 싱숭생숭해 테라피를 신청했다. 그녀가 긍정적인 마음을 끌어내는 '액티브 코스(146쪽)'를 진행하며 마지막에 자신에게 전하는 메시지로 선택한 색은 '빨간색'이었다. 빨간색을 본 순간 '괜찮을 거야!'라는 말이 떠올랐다고 한다. 그리고는 스스로를 다독이듯 "할 수 있어!", "반드시 해낼 거야!", "괜찮아!"라는 말을 몇 번이고 되뇌었다.

F씨는 테라피를 마친 뒤 그 말들을 적은 카드를 매일매일 보며 힘을 얻었다고 한다. 그 든든한 말 덕분에 강력한 라이벌들 앞에서 성공적으로 발표를 마쳤고, 지금은 더 높은 자리에서 멋지게 활약하고 있다.

"괜찮아"라는 말을 들으며 부티크를 경영하던 50대 여성 H씨도 떠오른다. 직업 때문인지 옷차림은 물론 행동, 말투까지 우아함이 넘치는 매력적인 분이었다.

H씨도 테라피 마지막 과정에서 "괜찮아"라는 말을 마주했다. 테라피를 마친 뒤 그녀는 마치 '괜찮다'라는 말에 이끌리듯 부티크를 닫고 백화점 한 층을 담당하는 중책을 맡기로 결정했다. 훗날 그녀는 내게 기분 좋은 감상을 전해주었다.
"액티브 컬러 테라피를 만난 덕분에 인생이라는 항해의 방향을 잡을 수 있었어요."

나에게 내가 직접 들려주는 말은 곧바로 자기 암시가 된다. 그렇기에 다른 사람이 해주는 "괜찮아!"라는 말보다 더욱 강력한 힘을 발휘하며 든든한 버팀목이 된다. 또 글로 남겨 매일매일 바라보면 그 말은 더욱 굳건하게 내 안에 뿌리를 내린다.

가장 든든한 아군은 나 자신이다. 절대 배신하지 않는 것도 나 자신이다. 내게 필요한 최고의 답을 알고 있는 것도 나 자신이다.

자신의 본심을 끌어내고 믿을 수만 있다면 미래가 보인다. 그리고 앞으로 자신이 해야 할 일에 대한 고민이 사라진다.

색을 통해 도달한 답을 행동으로 옮기자

마지막 질문에서 '앞으로 할 일'을 정한다

자세한 내용은 마지막 챕터 '실전편'에서 언급하겠지만, 액티브 컬러 테라피는 몇 가지 예외를 제외하고 "앞으로 하고 싶은 일이 무엇인가요? 구체적으로 적어봅시다"라는 공통 질문을 제시한다.

이는 컬러 테라피를 통해 깨달은 자신의 심층 심리를 앞으로의 액션(행동)으로 연결하기 위한 질문이다.

테라피에서는 마지막에 선택한 색의 펜으로 이 질문에 대한 답을 카드에 적는다. 그리고 항상 볼 수 있는 곳에 둠으로써 많은 사람이 자신이 정한 미래를 향해 한 걸음 한 걸음 나아갈 수 있도록 돕는다.

자신이 몸담고 있는 업계에서 활약하고 있는 40대 여성 T씨도 테라피 결과를 바탕으로 행동한 사람이다.

T씨는 '마음 정리 코스(118쪽)' 테라피를 받았다. T씨는 지금의 자신이라고 생각되는 색으로 선택한 '파란색'에서 '똑똑하다', '좋지도 나쁘지도 않다', '잘난 척한다', '생활이 넉넉

하다' 등을 떠올렸다. 그리고 이상적인 자기 모습이라고 생각되는 '빨간색'에서는 '가벼운 긴장감', '좋은 의미의 떨림', '앞으로 나아갈 때의 짜릿함' 등을 떠올렸다.

이러한 답의 의미는 본인만 알 수 있다. 테라피스트는 섣불리 의미를 묻지 않는다. T씨는 색이 끌어낸 말들의 의미를 알고 있는 듯했다.

T씨는 마지막에 앞으로 나 자신에게 보내는 메시지로 선택한 '흰색'을 보고 '머리띠'를 떠올리며 '결사의 각오'라는 표현을 사용했다.

색을 보고 떠올린 메시지를 바탕으로 앞으로 하고 싶은 일을 물었더니 T씨는 단호한 목소리로 이렇게 말했다.

"지금까지 미루어두었던 사업 계획을 20일 이내에 완성하려 해요. 우선 책상을 깔끔하게 정리하고 머릿속을 비워야겠어요."

얼마 후 T씨가 청소를 하기 전의 책상 사진과 청소를 한 후의 책상 사진을 보내왔다. 깔끔하게 정리된 책상을 보니 내 마음도 깨끗해진 듯한 기분이 들었다. 그녀는 분명 훌륭한 사업 계획을 완성했을 것이라 믿는다.

T씨처럼 자신이 하고 싶은 일을 알게 되면 자연스럽게 나아갈 길이 보인다. 그리고 '구체적으로 어떻게 행동해야 하는가?'라는 질문에 대한 해답이 그 길을 향해 걸어가는 당신을 이끌어준다.

자신에게 보내는 메시지는 자신의 내면에서 나온 것

액티브 컬러 테라피는 항상 그 자리에서 결론을 제시하지는 않는다. 테라피를 통해 도달한 결론이나 그 결론을 구체적인 행동으로 옮기기 위해 적어낸 말들을 보고 "무슨 뜻인지 잘 모르겠어요"라고 말하며 돌아가는 이들도 있다.

하지만 그 말은 자기 내면에서 나온 것이므로 대부분 언젠가 그 의미를 깨닫는다. 테라피 룸에서 나오자마자 자신이 선택한 색과 그 해석을 깨닫는 사람도 있고, 집으로 돌아가는 길에, 혹은 집에 도착한 후에 "그 색과 해석은 이런 의미였어!" 하고 깨닫는 사람도 있다.

'실연 테라피 코스(139쪽)'를 신청한 30대 여성 G씨도 그런 경우였다. G씨는 처자식이 있는 직장 선배와 불륜 관계였다. 테라피를 받을 당시에도 그 관계가 계속되는 상황이었다. 그녀는 "언젠가 헤어져야 하니 앞날을 대비하고 싶어요"라고 말하며 실연을 극복하기 위한 코스를 선택했다고 이야기했다.

G씨에게 상대방은 남성으로도, 직장 선배로도 존경하는 매우 소중한 사람이었다. 테라피를 통해 나온 말들은 모두 그를 긍정하는 말이었다. G씨는 "실연을 극복하기 위한 코스를 선택했는데 헤어질 마음이 전혀 없네요"라고 말하며 눈물을 흘렸다.

그래도 마지막까지 테라피를 끝낸 G씨는 자신에게 보내는 메시지로 선택한 '파란색'을 보고는 카드에 '어떻게든 일로 성공한다'라고 적은 뒤 우울한 표정으로 돌아갔다.

그로부터 1년 후, 우연히 G씨와 다시 만났다. G씨는 마침 그날 자신이 담당한 업무가 회사에서 높은 평가를 받아 이례적으로 승진이 결정되었다고, 그로 인해 불륜 관계를 이어가던 상대방의 상사가 되었다고 이야기했다.

"제가 그리는 미래에 이제 그 사람은 없어요. 지금이라면 헤어질 수 있겠다는 생각이 들어요."

그리고는 "아!"라는 말과 함께 "그러고 보니 그때 테라피를 받으면서 일로 성공하겠다고 적었잖아요. 줄곧 잊고 있었는데 갑자기 생각났어요"라고 말했다.

G씨는 테라피를 받은 후에 단 한 번도 그 말을 떠올리지 않았다고 한다. 이날 G씨는 "어쩌면 그 메시지는 업무에서 높은 성과를 내면 그 사람과의 관계를 끝낼 수 있다는 의미였는지도 몰라요!"라고 말했다. 1년 전 자신이 꺼낸 말이 그동안 G씨를 이끈 것이었다.

액티브 컬러 테라피에서 마지막에 자신에게 보내는 메시지는 자기 자신의 내면에서 나온 말이다. 그렇기에 당시에는 의미를 알 수 없어도 G씨처럼 훗날 문득 깨달을 가능성도 있다. 1년이 지난 뒤 도달한 메시지가 줄곧 G씨의 길을 이끌어왔다는 사실을 이 일을 통해 깨달았다.

당신이 진짜로
하고 싶은 일은
무엇인가

우선순위가 정해지면 미래에 대한 불안감도 줄어든다

"앞으로 무슨 일을 하고 싶은지 잘 모르겠다."

이러한 고민을 하는 사람은 당신 혼자가 아니다.

금융 플래너이자 액티브 컬러 테라피스트인 A씨는 내게 이런 고민을 털어놓은 적이 있다.

"고객님의 요구에 따라 돈에 관한 조언을 건네는 게 제 일이에요. 그런데 고객님 중에 애초에 돈을 어디에 써야 하는지 모르겠다고 말씀하시는 분이 꽤 많아요. 고객님의 요구를 색을 통해 알아볼 수 없을까요?"

A씨의 요청에 따라 만든 것이 '인생에서 중요한 것이 무엇인지 알 수 있다 코스(143쪽)'다. 임상 데이터를 취합한 뒤 현재 돈에 관한 조언을 건네기 전에 활용하고 있다. A씨는 "고객님의 돈에 대한 우선순위를 파악하기 쉬워져 무척 큰 도움을 받고 있어요"라는 소감을 전했다.

돈과 시간은 유한하다. 한정된 돈과 시간을 어디에 쓸지 정할 수만 있다면 막연한 미래에 대한 불안감도 사라진다. 한

번쯤은 마음의 소리에 귀를 기울이고 인생에서 가장 중요한 것이 무엇인지 생각하며 우선순위를 정해보기 바란다.

미래의 내 모습이 보이면 스타일이 정해진다

헤어스타일 어드바이저로 전국을 누비는 S씨도 A씨와 비슷한 생각을 하고 있었다. S씨는 답답함을 토로하며 이렇게 말했다

"미용실에서 헤어스타일을 망친 사람 중에는 미용사의 실력이 부족하다고 생각하는 사람이 많아요. 하지만 실은 자신이 바라는 모습을 제대로 알지 못해 실패하는 경우가 대부분이죠."

S씨는 "고객이 '나는 이런 모습이 되고 싶어요'라고 이미지를 정확하게 전달하면 그 사람에게 잘 어울리는 헤어스타일을 완성할 수 있어요"라고 말했다. 그리고는 확신에 찬 목소리로 "액티브 컬러 테라피를 받으면 '이상적인 내 모습'을 알 수 있으니 헤어스타일이나 메이크업, 패션 때문에 고민하는 사람들에게 큰 도움이 될 거예요"라고 덧붙였다.

테라피 후 다른 사람이 된 두 사람

사이가 좋은 회사원 W씨와 O씨는 액티브 컬러 테라피를 통해 이상적인 자신의 모습을 발견했다. 두 사람은 당시 유

행한 모노톤 튜닉과 레깅스를 조합한 밋밋한 복장으로 나를 찾아왔다.

테라피를 마친 뒤 W씨는 "소녀처럼 부드러운 분위기가 가장 이상적인 제 모습이에요"라고 말하고는 머리를 기르기로 결심했다. 한편 O씨는 "더 세련되고 멋있는 분위기를 원해요"라고 말하고는 머리를 짧게 자르기로 했다. 그날 나는 그들이 이상적인 모습을 실현할 수 있도록 돕고자 쇼핑에 동행했고, 두 사람은 각자가 바라는 이미지에 적합한 옷을 구매했다.

후에 각각 다른 곳에서 만난 두 사람은 테라피를 받았을 때와는 전혀 다른 모습이었다. '유행하는 옷을 입으면 되겠지'라고 생각했던 과거보다 훨씬 빛이 나고 당당해 보였다.

세련된 느낌을 원했던 O씨는 이렇게 말했다.

"테라피를 받은 후에 나다운 모습을 적극적으로 보여줄 수 있게 되었어요. 정직원이 된 것도 테라피 덕분인 것 같아요."

자신이 원하는 모습을 구체적으로 생각하면 어떤 옷을 입어야 하는지, 어떤 헤어스타일을 해야 하는지 선택하기가 쉬워진다. 그렇게 정체성이 확립되면 자신감이 생긴다. 이때도 색이 큰 도움이 된다.

무언가를 할
나이는
정해져 있지 않다

앞으로 실현하고 싶은 일이나 이상적인 자기 모습을 상상하는 것은 결코 젊은이들의 특권이 아니다. 또 나이가 들었다고 해서 미래의 희망이 사라지는 것도 아니다.

나 역시 어른이 되면 거쳐 온 시간만큼 마음의 갑옷이 두꺼워져 상처받는 일이 없을 거라고, 섬세한 마음 때문에 약해지는 일에서 해방될 것이라고 생각했다. 하지만 나이를 먹고 고령자라 불리는 분들의 테라피를 담당하면서 고민의 내용은 바뀌지만 마음의 연약한 부분은 그대로이거나 오히려 더 약해진다는 사실을 깨달았다. 어머니는 "그 나이가 되어 봐야 아는 거야"라는 말을 자주하셨는데, 그 말이 너무나 공감되었다.

그럴 때는 색의 힘을 빌려 장애물을 없애고 자신의 마음을 마주하면 세상의 시선에서 자유로운 솔직한 자신의 답을 들을 수 있다.

"이제 나이가 들어서 할 수 있는 일이 없어", "그런 일을 하기에는 조금 부끄럽지"와 같이 세상의 평가에 맞춰 자신을 다독여도, 그 안에는 '아직 현역이야', '지금이야말로 하고 싶은 일을 해야 할 때지'라는 본심이 숨어 있다.

"혼자라 너무 외로워요"라고 말한 사람이 테라피 후 색에 이끌려 나온 말이 "외로워하지 않아도 괜찮아"라서 놀라는 모습을 자주 목격했다. 다른 누군가가 그런 말을 건넸다면 "당신이 이해할 리 없지", "이 나이가 되어서도 설교를 들어야 해?"라고 반발하고 싶을 것이다.

하지만 내 안에서 나온 말이기에 '그래, 아직 내게 주어진 시간이 많아'라고 생각하며 힘을 얻는다. 테라피를 진행할 때마다 나이가 들어도 사람의 마음은 무뎌지지 않는다는 사실을 깨닫고 감동한다.

셀프 테라피를 통해 깨달은 진심

이번에는 나의 셀프 테라피 경험담을 소개할까 한다. 지난 여름, 글쓰기와 기획에 대해 공부하고 싶어 도쿄에서 개최된 총 6회, 6일간의 세미나에 참가했다. 액티브 컬러 테라피의 진수를 한 권의 책으로 정리하는 데 큰 도움이 될 것이라 생각했다.

그런데 첫째 날과 둘째 날 세미나에서 참가자들의 높은 수준과 엄청난 과제 난이도 앞에 좌절하고 의욕을 잃었다. 수강료도 저렴하지 않았고, 배우고자 하는 강렬한 의지로 시작한 일이었기에 계속해서 스스로를 다독였지만 힘이 쭉쭉

빠지기만 했다.

답답한 마음을 떠안은 채 한 달이 지났다. 2회차 세미나에 참석하기 위해 도쿄로 출발하기 전날 밤, 다급한 마음으로 셀프 테라피를 진행했다. 결론적으로 내가 선택한 색은 '흰색'이었다. 떠오른 생각은 '부족한 자신을 인정하자'였다. 이 결론에 도달하자 눈이 번쩍 뜨였다.

'부족한 자신을 인정하자!'

이는 결코 나 자신을 하찮게 여긴 것이 아니었다. 있는 그대로의 나를 받아들이겠다고 결심한 순간, 잔뜩 들어갔던 어깨의 힘이 빠지고 마음이 편안해졌다. 그 후 '부족하면 부족한 대로 열심히 배우자!'라는 생각으로 세미나에 임했다.

나는 세미나를 통해 좋은 동료들을 얻었고, 새로운 세계를 경험했다. 그 당시 부족한 자신을 인정한 덕분에 이 책도 세상에 내놓을 수 있었다. 그때 셀프 테라피를 통해 내면의 목소리에 귀를 기울이길 잘했다고 생각한다.

자신이 걸어온 길을 긍정하는 행복

내가 미래에 하고 싶은 일을 언어로 표현했을 때 스스로 깨닫지 못한 내면의 목소리에 놀라는 사람이 있는 반면, 자신이 소중히 여겨온 것들이 역시 틀리지 않았다는 사실을 다시금 확인하는 사람도 있다.

50대 S씨는 주변 사람들로부터 능력을 인정받은 사람이었다. 한 모임의 대표로 활약 중인 S씨는 고민에 고민을 거듭하며 살아온 자신을 인정해주는 말에 안도감을 느끼며 눈물을 흘렸다. S씨가 마지막에 고른 '노란색'은 "상쾌하다. 기쁨 그 자체다"라는 말을 끌어냈다.

S씨는 "사실 줄곧 내가 하는 선택이 옳은지 불안했어요"라고 말했다. 주변 사람들이 아무리 응원해줘도 자신의 인생에 확신이 없었는데, 스스로 도달한 결론을 통해 자연스럽게 자신의 인생을 확신할 수 있게 되었다며 무척 기뻐했다. S씨는 분명 앞으로 더욱 알찬 인생을 보낼 것이라 믿는다.

'나의 사명은 교육이다'라고 생각하며 살아온 50대 남성이 액티브 컬러 테라피를 통해 자신의 삶을 더욱더 확신하게 되었다고 전해오기도 했다. 테라피를 마친 그의 카드에 적힌 말은 '하늘이 내려준 사명을 향해 직진하라!'였다. 독자적인 교육 방법을 개발하고 베스트셀러 저서도 집필한 그는 현재 대학원에서 공부하며 아이들의 교육에 매진하고 있다.

존재 자체로 빛나는 H씨의 이야기

30대 H씨는 아이가 "엄마처럼 되고 싶어"라고 말할 정도로 매우 훌륭한 엄마였다. 남편을 내조하며 가정을 소중히 여기는 모습이 무척이나 멋졌다. 그런데 본인은 "열심히 일하는 엄마들을 보면 나는 이대로 괜찮은 건지 불안해져요"라고 말하며 액티브 컬러 테라피를 신청했다.

H씨가 마지막에 고른 색은 '흰색'이었다. H씨는 그 색을 보며 "흰색은 어떤 색으로도 물들 수 있지만, 그대로 있는 것도 중요하죠"라고 말했다. 그리고 이렇게 덧붙였다.

"다른 색에 물들어 자신을 주장하기보다 모든 가족 구성원에게 필요한 것을 줄 수 있는 하얀 나! 그런 내가 가정에 존재하기 때문에 우리 가족이 평온하다는 사실을 다시금 깨달았어요."

자기 자신을 믿으면 미래에 대한 불안감이 사라진다. H씨처럼 자신이 가족의 안식처라는 사실을 스스로 깨달으면 다른 이들과 비교하며 불안해하는 일이 없어진다.

[칼럼] 자신의 인생을 되돌아본 S씨의 이야기

이번 책에 사례를 소개하기 위해 앞서 언급한 S씨에게 연락했을 때, 구마모토 지진으로 소중한 가게와 자택이 피해를 입었다는 사실을 알게 되었다. 그때 S씨에게 들은 말이 지금까지도 가슴에 남아 있다.

S씨는 생산자들이 정당한 보수를 받을 수 있도록 돕는 일을 하고 있다. S씨는 자신에게 도움을 받은 생산자가 무척 많지만, 이번에 자신이 지진으로 피해를 입고 임시 주택에서 생활하면서 '지원'에 대해 깊이 생각하게 되었다고 한다. 지금까지 S씨는 정당한 보수를 지급하는 일이야말로 생산자에 대한 지원이라고 생각했다. 그런데 자신이 피해를 입었을 때 사람들이 건넨 "괜찮아?", "고생 많았어"라는 말에서 돈으로 바꿀 수 없는 힘을 얻었다고 한다. S씨는 자신의 인생을 되돌아보았다며 이렇게 말했다.

"지금까지 저는 생산자들에게 그런 목소리를 전해왔을까요? 아무리 생각해도 부족했던 것 같아요."

나는 자신이 힘든 상황에 처했음에도 다른 사람들의 마음을 생각하는 S씨의 인격에 깊은 감명을 받았고, 그와 동시에 책 집필을 계기로 그의 이야기를 들을 수 있어 무척이나 감사했다.

과거의 고통이나 괴로움을 받아들이고
과거의 자신에게 "이제 괜찮아"라는 말을 건네면
마음이 안정되고 편안해진다.
막연한 불안감과 초조함이 사라지고
미래의 나에 대한 희망이 생긴다.

chapter 4.

Yourself of the past
과거의 자신을 수용하자

[추천 코스]

- 마음 정리 코스 → 118쪽
- 실연 테라피 코스 → 139쪽

과거의 경험을
'트라우마'로
만들지 말자

과거를 받아들이면 나 자신을 받아들일 수 있다

현재 느끼는 막연한 불안감이나 초조함은 어린 시절의 기억과 밀접하게 연관되어 있기도 하다. 그리고 과거 어느 시점에 봉인한 기억은 자신감을 앗아가는 원인이 되기도 한다. 이럴 때는 과거의 자신을 천천히 들여다보고 인정하면 마음이 점점 가벼워진다.

액티브 컬러 테라피에는 '차일드 코스(136쪽)'라 불리는 아이의 진심을 끌어내기 위한 코스가 있다. 그런데 아이를 위해 마련한 이 코스가 어른에게도 상당히 유용하다는 사실이 밝혀졌다.

'차일드 코스'의 임상 데이터를 취합하던 중에 실험 삼아 어른에게도 실시해보았는데, "어린 시절로 돌아간 듯한 느낌이었다", "과거에 있었던 일이 생생하게 떠올랐다" 등의 목소리가 잇달았다.

어른의 경우 "당신의 어린 시절을 떠올리며 색을 고르세요"라고 말하면 자유롭게 떠올린 연령대의 자신으로 돌아간다.

그러면 잠재의식 속에 가두어두었던, 잊고 있었던 과거의 감정이 떠오른다. (주의: '차일드 코스'를 어른에게 실시할 경우, 과거 기억을 떠올리고 패닉 상태에 빠지는 경우도 있다. 따라서 전문 지식을 보유한 테라피스트가 아닌 이가 테라피를 진행하는 것은 매우 위험하다.)

지금의 당신은 괜찮다

어른이 된 지금도 자신감이 없거나 인간관계에서 불안감을 느끼는 사람은 '괴롭힘을 당하던 아이'였던 자신을 떠올리기도 한다. 아무 이유 없이 외로움을 느끼는 사람은 부모의 애정을 독차지하다 동생이 태어나면서부터 관심을 받지 못한 어린 시절의 기억이 영향을 미치기도 한다.

이럴 때는 잠재의식에 새겨진 어린 시절의 슬픈 기억을 색의 힘을 빌려 언어화함으로써 선명하게 드러내고, 어른이 된 지금의 자신이 "이미 지난 일이니까 괜찮아!"라고 위로함으로써 상처를 치유한다. 즉 부정적인 감정에서 해방되면 자아존중감을 회복할 수 있다는 뜻이다.

지금 하는 일의 원동력이 된 어린 시절의 기억

어린 시절에 슬픔을 겪었기에 다른 이를 기쁘게 하는 일을 선택했다고 말하며 한층 더 강한 사명감을 풍기는 사람도 있다. 과거를 직시하면 자기수용→ 자존감→ 자아존중감을 구축할 수 있다.

액티브 컬러 테라피의 테라피스트 양성 강좌를 수강한 D씨도 색의 이끌림에 따라 과거의 자신을 마주했다. D씨는 자신도 모르게 '파란색'을 고르고, 그것을 한참 동안 바라보다 눈물을 글썽이며 이렇게 말했다.

"잊고 있었는데 어릴 때 부모님이 자주 다투셨어요. 한밤중에 부모님이 다투는 소리에 눈을 뜬 날이 셀 수 없이 많아요. 그럴 때면 남동생이 깨지 않도록 이불을 꼭 덮어주고 귀를 막아주었죠. 낮에는 우울해 보이는 어머니에게 걱정을 끼치고 싶지 않아 항상 감정을 억누르고 가족을 웃게 하려고 노력했어요. 지금도 주변 사람들이 웃었으면 좋겠다고 절실하게 생각하는데, 어린 시절의 경험 때문이었군요."

D씨는 언제부턴가 사람들에게 상담 요청을 받는 일이 많아져 심리학을 배우기로 결심했다고 말했다. "액티브 컬러 테라피에 끌린 나 자신을 칭찬해주고 싶어요"라고 말하는 그녀의 눈동자에서 강한 의지가 느껴졌다.

과거의 고통을 떠올리는 것은 다시 상처받고 슬픈 기억을 끌어안은 채 살아가기 위함이 아니다. 과거 자신에게 "많이 힘들었지"라는 위로의 말을 건네고, "지금의 너는 괜찮아"라고 말함으로써 과거의 자신을 치유하기 위한 행위다.

D씨는 액티브 컬러 테라피를 접한 뒤 어렸을 때 헤어진 아버지를 다시 만나기로 결심했다. 그리고 얼마 전에 드디어 아버지의 행방을 알아내 만남의 시간을 가졌다. 그에 대해 많은 이야기를 하지는 않았지만 "아버지를 다시 만나길 정

말 잘했어요"라고 말하는 그녀의 목소리에서 과거의 기억을 떠올림과 동시에 과거의 자신을 받아들이고 앞으로 나아갈 힘을 얻었다는 사실을 알 수 있었다.

마음 깊은 곳에
묻어둔
과거를 품자

유황의 노란색과 과거의 냄새

50대 A씨는 무척 발랄하고 활기가 넘치는 여성이다. 그녀 역시 자신이 봉인해둔 과거를 품고 그 후의 인생을 긍정적으로 살 수 있게 되었다고 말한 사람 중 하나다.

A씨가 있는 곳은 분위기가 한층 밝아질 정도로 존재감이 확실하다. 오랫동안 상장 기업에서 일하며 후배를 양성하다 지금은 독립해 인재 교육 분야 연수, 강연 활동 등을 하고 있다. A씨는 테라피 중에 '노란색' 카드를 보며 "가장 못하는 것, 그것을 극복하면 내가 더욱 빛난다"라는 말을 꺼내놓았다. 그런데 그 말의 의미를 잘 모르겠다고 했다. 앞서 이야기했듯 액티브 컬러 테라피는 항상 그 자리에서 결론을 내놓지는 않는다. 그래서 이때도 "나중에 무언가가 떠오를 수도 있어요"라고 말하며 그대로 헤어졌다.

A씨가 그 노란색의 의미를 깨달은 것은 테라피를 진행한 날로부터 이틀이 지났을 때였다. 집에서 멍하니 테라피 때 본 노란색을 떠올린 순간, 어딘가에서 유황 냄새가 나면서 원폭

의 버섯구름이 머릿속에 떠올랐다고 한다.

A씨의 부모님은 나가사키에서 피폭되었고, 그녀는 피폭 피해자 2세였다. A씨는 젊은 시절 결혼을 약속한 남성의 어머니로부터 "피폭 피해자의 딸과 결혼시킬 수 없다"라는 말을 들은 경험을 마음속에 꾹 눌러왔다는 사실을 깨달았다. 생각해봤자 아무것도 바뀌지 않기에 그동안 마주하지 않았던 기억이 갑자기 떠오른 것이다. A씨는 소리를 내 엉엉 울었다. 그런데 신기하게도 그렇게 한참을 울고 나니 속이 시원해졌다고 했다. 그로부터 1년 후, A씨는 편지를 통해 그동안 자신에게 일어난 변화를 전해주었다.

'어쩌면 잊고 싶었을지도 몰라요. 하지만 사실은 변하지 않죠. 나 자신이 앞으로 나아가기 위해서도, 내 인생을 받아들이기 위해서도 필요한 과정이었어요. 다시 떠올리길 정말 잘했다고 생각해요. 컬러 테라피를 통해 문득 고개를 든 무거운 감정의 정체를 깨달을 수 있었어요.'

A씨는 자신의 세미나에서 본인은 피폭 피해자 2세이며, 그로 인해 젊은 시절에 힘든 일을 겪었다는 사실을 솔직하게 이야기할 수 있게 되었다. 그리고 그 당시 상처받은 자신을 인정함으로써 문득문득 찾아온 막연한 불안감이 사라졌다는 이야기를 전하고 있다.

A씨의 말처럼 사실은 변하지 않는다. 하지만 과거와 마주한 사람은 이를 극복하고 "앞으로의 나는 괜찮아"라고 위로하며 자기 자신을 지킬 수 있다. 과거를 인정하면 현재의 자신, 미래의 자신을 소중히 여길 수 있다.

사랑을 잃어도
당신의 가치는
낮아지지 않는다

액티브 컬러 테라피에는 '실연 테라피 코스(139쪽)'가 있다. 나는 그동안 많은 사람이 색의 힘을 활용해 실연한 자신을 받아들이고 마음을 진정시키는 모습을 지켜보았다.

실연은 사랑하는 사람과 헤어져야 한다는 고통에 자기 자신이 부정당했다는 고통이 더해져 무척이나 괴롭다. 소중한 사람과 헤어지면 실제로는 그렇지 않지만 자신의 가치가 낮아졌다고 느끼고, 결국 자아존중감까지 낮아지고 만다.

따라서 실연의 아픔을 겪고 있다면 자신의 마음속에 가라앉은 목소리에 귀를 기울이고, 상처받은 자신을 받아들여야 한다. 그러면 아주 조금은 마음이 편안해진다.

이혼을 결심하게 해준 색의 힘

주변 사람들이 볼 때 헤어지는 것 외에는 방법이 없는 상황임에도 본인은 그러한 사실을 인정하지 못하는 경우가 많다. 이럴 때 액티브 컬러 테라피가 도움이 된 사례가 있다.

30대 여성 B씨는 연하 남성과 결혼했다. 그런데 결혼 후 줄곧 시어머니로부터 "나이가 많은 며느리라니!", "아이는 제대로 낳을 수 있겠니?"와 같은 말을 들으며 괴롭힘을 당했다. 남편이 옆에서 지켜줄 때는 그나마 나았지만, 시간이 지날수록 남편도 B씨를 매정하게 대했다. 그러다 결국 B씨에게 폭언을 퍼붓고는 멋대로 짐을 챙겨 본가로 돌아갔다.

홀로 남은 B씨는 울면서 액티브 컬러 테라피를 받으러 왔다. B씨는 테라피 중에 "연애할 때는 무척 상냥한 사람이었어요", "도저히 포기할 수가 없어요"라고 말했다. 너무 울어 몇 차례 테라피를 중단하긴 했지만 끝내 결론에 도달했다.

B씨는 마지막에 선택한 '흰색' 카드를 바라보며 "아무것도 없네요", "리셋"이라는 말을 꺼냈다. 그리고는 한참 침묵을 지키다 조용한 목소리로 이렇게 말했다.

"역시 이혼할 수밖에 없겠네요."

B씨는 테라피 룸을 떠나기 직전까지 "그래도 제 남편은 상냥한 사람이에요"라고 말했다.

솔직히 말하면 그녀의 모습을 보며 남편과의 시간을 정리하고 결단하기까지 꽤 오랜 시간이 걸리겠다고 생각했다. 그런데 의외로 빨리 이혼을 결정했고, 그 후 재혼을 했다는 소식을 들었다. 얼마 전에 통화를 했는데 그녀는 한층 밝아진 목소리로 이렇게 말했다.

"그렇게 간절히 바라던 아이도 생겼어요. 얼마나 행복한지 몰라요. 지금의 제가 존재하는 건 액티브 컬러 테라피를 통해 이혼을 결심한 덕분이에요."

자신이 내린 결정은 자기 자신의 가장 큰 버팀목이 된다. 설령 고통스러운 현실이나 과거를 마주해야 한다 해도 그런 자신을 받아들일 수만 있다면 새로운 길이 열린다. 그리고 훗날 새로운 행복을 만났을 때 '고통스러운 과거가 있었기에 지금이 존재한다'라는 사실을 깨닫게 될 것이다.

[칼럼] 색을 느끼는 방법은 사람마다 다르다

같은 색이라도 사람마다 받아들이는 이미지가 다르다. 예전에 흰색을 보고 "강인한 색이다"라고 말한 남성이 있었다. 그는 "과거를 모두 지우는 웨딩드레스의 흰색이 떠올랐다"라고 이야기했다. 검정색을 보고 "편안하다", "무한대가 느껴진다"라고 말한 사람도 있었고, 분홍색을 보고 "못생겼다", "꺼림칙하다"라고 말한 사람도 있었다.

대부분의 색채 심리학 도서는 처음부터 색의 의미를 정의하고 있다. '이럴 때는 이런 색이 효과적입니다'라고 주장하기도 하고, '이런 색을 좋아하는 사람의 성격은 이렇습니다'라고 단정하기도 한다.

물론 특정 색을 볼 때 많은 사람이 떠올리는 이미지가 있는 것은 사실이다. 그렇기에 상품 패키지나 기업의 상징색 등을 결정할 때 통계를 바탕으로 한 일반적인 색채 심리학이 큰 도움이 된다.

하지만 개인이 바라보는 색의 의미는 천차만별이다. 나는 개인에게 이러한 일방적인 정의가 적용되지 않는다고 확신하기에 기존의 정의에서 답답함을 느꼈다.

그런 와중에 심리 카운슬러이자 예술치료사인 야마와키 게이코의 저서 《색은 말한다: 색채와 심리의 놀라운 관계를 읽어내다(色は語る: 色彩と心理の不思議な関係を読む)》에서 '색채에만 의존해 성격을 맞추거나 복잡한 심리 상태를 분석하는 심리학은 없습니다'라는 문장을 발견하고 깊이 공감했다.

소중한 사람을 떠나보냈거나
병에 걸려 떠날 날이 얼마 남지 않은 사람이
액티브 컬러 테라피를 받기도 한다.
끝없는 어둠에 빠져 있는 자신의 영혼을
구하는 것 역시 자기 자신이다.
당신은 자신에게 어떤 말을 건네고 싶은가?
어떤 말로 인생을 마무리하고 싶은가?

chapter 5.

Face our lives
생명과 마주하다

[추천 코스]

- 마음 정리 코스 → 118쪽
- 액티브 코스 → 146쪽
- 삶의 질 코스 → 151쪽
- 인생에서 중요한 것이 무엇인지 알 수 있다 코스 → 143쪽

자신의 목소리이기에
더욱 진지하게
귀를 기울일 수 있다

가까운 사람이나 자신의 투병, 시한부 선고, 사별 등으로 인해 생명에 끝이 있다는 사실을 깨달으면 자신의 존재 의의를 깊이 생각하게 된다. 그럴 때마다 자신을 인정하고 소중히 여기며 마지막에 '나다운 인생을 살았다'라고 느낄 수 있는 시간을 보낼 수만 있다면 무척 행복할 것이다.

패션을 통해 삶의 기쁨을 되찾다

M씨는 오랜 세월을 함께한 남편을 떠나보내고 의욕을 잃은 어머니가 걱정되어 어머니를 모시고 나를 찾아왔다. M씨는 내게 이렇게 말했다.

"아버지가 세상을 떠난 이후 어머니가 너무 힘겨운 시간을 보내고 계세요. 우울함에서 헤어 나오지 못하시는 것 같아 너무 걱정이 되어 모시고 왔어요."

M씨의 어머니는 안색이 좋지 않았다. 하지만 테라피를 받으며 색에서 느껴지는 이미지를 조금씩 입 밖으로 꺼내자 점

점 혈색이 좋아졌다.

어머니가 마지막에 고른 카드는 '분홍색'이었다. 그리고 그 분홍색에서 떠오른 이미지는 "나는 패션을 좋아한다. 인생을 즐기고 싶다"였다. 어머니는 그 말을 카드에 적었다.

며칠 뒤 M씨에게 연락을 해 어머니의 안부를 물었다. M씨는 이렇게 말했다.

"예전에는 테라피를 받으며 적은 카드를 소중한 물건 모시듯 서랍에 넣어놓으셨는데 지금은 언제든지 볼 수 있도록 본인 방문에 붙여놓으셨어요. 테라피를 통해 '내 힘은 패션에서 나온다'라고 확신하시고는 예전과 다르게 매우 밝아지셨어요. 너무 다행이에요. 감사합니다."

어머니는 요즘 집 근처에 생긴 헬스장에서 에어로빅을 배우신다고 했다.

"어머니 주변에 '배우자를 잃은 슬픔을 극복하려면 3년은 필요하다'라고 말하며 우울한 나날을 보내고 계신 분이 있어요. 다행히 어머니는 아버지의 사진을 보고 밝게 인사를 하기도 해 제 마음이 아주 좋아요."

슬플 때, 괴로울 때 다른 이들이 건네는 조언은 무척 귀중하고 고맙다. 하지만 슬픔이 깊을수록 자신이 내린 결론이 아닌 것은 따르기 힘들다. M씨의 어머니도 자기 내면에서 해답을 찾았기에 남편 몫까지 삶을 누려야겠다고 결심했을 것이라 생각한다.

괜찮다고 생각하는 나를 발견하다

U씨는 소중히 키운 외동딸을 잃고 오랜 시간 슬픔 속에서 살았다. 그러던 어느 날, 액티브 컬러 테라피스트인 지인이 "해보지 않을래?"라는 말과 함께 눈앞에 알록달록한 카드를 늘어놓았다. 그녀는 다양한 색을 본 순간 '너무 아름답다!'라는 생각과 함께 눈이 뜨였다고 한다.

U씨가 마지막에 손에 든 '분홍색'을 보며 중얼거린 말은 "괜찮아!"였다. 그 순간 눈물이 펑펑 쏟아지며 딸의 죽음에 마음을 빼앗긴 나머지 자신을 너무 돌보지 않았다는 사실을, 그리고 자기 자신에게 "괜찮아"라고 말해줄 힘이 남아 있다는 사실을 깨달았다.

U씨는 테라피를 받은 이후 무채색으로 변한 세상에 색이 하나둘 채워지기 시작했다며 이렇게 말했다.

"그 무렵에는 거의 회색 옷만 입었어요. 마치 그림자 속으로 도망치듯 숨을 죽이고 살았죠. 딸을 잃은 슬픔은 평생 사라지지 않지만, 이 세상에는 다양한 색이 있고, 그 색을 좋아했던 나 자신이 떠올랐어요. 그리고 회색을 벗어던지고 주변의 색을 조금씩 받아들여야겠다는 생각이 들었죠."

드디어 들려온
'마음의 소리'

의료 현장의 액티브 컬러 테라피

액티브 컬러 테라피를 진행하는 테라피스트 중에 물리치료사 면허를 보유한 사람이 있다. 어린 시절부터 난치병과 싸우며 액티브 컬러 테라피를 의료 현장에서 활용하기 위해 고군분투하는 사람이다. 지금부터는 허락을 받고 그녀가 담당한 고객들이 겪은 변화를 소개하고자 한다.

본심을 끌어내기가 매우 어려울 것이라 생각했던 치매 환자와 우울증 환자에게 테라피를 적용한 결과는 무척이나 놀라웠다. 그리고 색을 통해 자신의 감정을 말로 표현하는 행위는 환자를 구원할 수도 있다는 사실을, 자기 내면의 소리를 전하는 것은 환자 본인은 물론 가족에게도 큰 위로가 된다는 사실을 알게 되었다.

입으로 나온 말

앞서 소개한 테라피스트가 돌봄복지시설에서 10명의 치매 환자를 대상으로 액티브 컬러 테라피를 진행했을 때의 이야기다.

치매 환자와 대화를 나누는 것은 매우 어렵다. 게다가 테라피스트와는 초면이니 마음을 열어줄 것이라고는 기대조차 할 수 없었다. 그런데 10명 모두 직감에 따라 색 카드를 선택하고, 지금 이 순간을 어떻게 살고자 하는지 말로 표현했다고 한다. 그 누구도 테라피를 거부하지 않은 것이다.

어떤 이는 죽음과 삶에 대한 자신의 가치관을 언급했고, 어떤 이는 "파란 하늘은 나다운 삶을 살아갈 수 있도록 도와준다"라고 말했다. "평온하게 살아가고 싶다", "노래를 부르며 살고 싶다", "정말 싫었던 일은 잊으려고 노력한다"라고 말한 이들도 있었다. 평소에는 좀처럼 대화가 이루어지지 않았던 이들도 알록달록한 색을 보자 자신이 생각하는 바를 입 밖으로 꺼냈고, 테라피를 마친 후에는 모두 "즐거웠다"라고 말했다.

예를 들어 A씨가 "나는 노래하는 게 제일 좋아"라고 말했을 때 테라피스트가 "A씨는 노래를 무척 좋아하시는군요"라고 맞장구를 치자 자신을 이해해주었다며 기분이 매우 좋아졌다고 한다. 테라피스트는 시설에는 A씨가 노래를 부를 수 있는 기회를 제공해줄 것을, 가족들에게는 A씨와 함께 노래방에 갈 것을 제안했다.

가족들조차 까다롭다고 말하는 N씨는 '나다움'을 나타내는 색을 고르며 "정리 정돈"이라는 말을 내뱉었다. 그 후 테라피를 통해 N씨는 정리 정돈이 자신의 현명함과 아름다움을 뒷받침한다고 생각하고 있다는 사실을 알 수 있었다. N씨는

"보이는 곳만 정리해도 괜찮아"라고 말하며 직접 타협점도 알려주었다. 테라피스트는 시설 스태프에게 이런 조언을 건넸다.

"N씨의 눈에 잘 띄는 곳, 예를 들어 침대나 테이블에 물건을 올려두지 않으면 N씨와 가족들이 서로 기분 상할 일이 많이 줄어들 거예요."

그중에는 시설 스태프조차 고생할 정도로 대화가 어려운 남성 C씨도 있었다. 그는 시간이 조금 걸렸지만 색 카드를 보며 "내 장점은 여성에게 친절하다는 거야"라고 말했다. 테라피스트가 "C씨는 여성에게 친절한 분이시군요"라고 맞장구를 치자 매우 기뻐하며 밝게 웃는 모습을 보였다고 한다.

이 테라피를 통해 모든 이들이 '나다움'을 다른 이가 알아줄 때 기분이 좋아진다는 사실을 알 수 있었다.

색을 활용하여 치매 환자의 마음의 소리를 듣는 방법은 테라피의 새로운 가능성을 제시했다. 첫째, 색이라는 도구를 활용하면 처음 보는 대상도 쉽게 마음을 열기 때문에 치매 환자에게도 적용하기 쉽다는 사실이다. 둘째, 눈으로 색을 보며 우뇌를 자극하는 액티브 컬러 테라피의 질문이 치매 환자의 대답을 끌어내기 쉽다는 사실이다. 또 치매 환자의 '지금'을 끌어냈다는 사실 자체가 매우 획기적인 일이라고 느껴졌다.

치매 환자의 가족은 환자와 원활하게 대화를 하기가 어려워 무엇을 원하는지 알 수 없다며 힘들어하는 경우가 많다. 색을 활용해 대화를 끌어낼 수만 있다면 분명 서로에게 큰 도움이 될 것이다.

마음속에 행복한 풍경이 펼쳐지다

이 테라피의 결과를 들으며 놀란 점이 하나 더 있다. 바로 환자들의 입에서 부정적인 말이 단 한마디도 나오지 않았다는 사실이다. 이는 돌봄을 담당하는 가족에게도, 시설에서 치매 환자를 돌보는 스태프에게도 기쁜 소식이리라.
테라피를 진행한 테라피스트는 이렇게 말했다.
"치매 환자들의 마음속에는 과거의 풍경만 있는 게 아니에요. 현재의 풍경도 아름답고 풍성하게 존재하죠. 이번에 테라피를 진행한 모든 분이 사랑과 평화로움 속에서 행복하게 살고 있다는 사실을 알 수 있었어요."
만약 색을 통해 치매 환자들의 이야기를 들을 수만 있다면 가족들도, 돌봄을 담당하는 시설 관계자들도 안심할 수 있고 큰 위로를 받을 수 있을 것이라 생각한다.

우울증을 앓는 남편의 마음의 소리

이번 역시 같은 테라피스트의 이야기다. 우울증 진단을 받고 치료 중인 남성의 아내로부터 연락이 왔다. 아내는 예전에 자신이 받은 액티브 컬러 테라피를 남편도 받았으면 한다고 이야기했다.

남편은 증상이 나빠져 병원에 입원한 상태였다. 가벼운 우울증 환자에 대한 임상 데이터는 있었지만 심각한 우울증 환자에 대한 테라피는 의사의 허가와 협력이 반드시 필요하다. 그래서 물리치료사 면허를 보유한 테라피스트가 임상 연구 조사 일환으로 환자가 입원한 병원에서 허가를 내어준 시기에만 테라피를 실시하기로 했다. 의사의 허가는 2개월 후에 나왔다.

테라피를 통해 '액티브 코스(146쪽)'를 체험한 남편이 결론적으로 선택한 색은 '흰색'이었다. 그리고 그 흰색이 끌어낸 답은 "아무것도 생각하지 않는 나"였다.

테라피스트는 액티브 컬러 테라피를 진행하는 동안 내담자의 말에 그 어떤 해석도 더하지 않는다. 그렇기에 당시에도 남편의 말을 그대로 인용해 "당신에게 지금 필요한 것은 '아무것도 생각하지 않는 자신'이네요"라고 말했다. 그때 남편의 눈시울이 붉어졌다. 그는 테라피스트가 건넨 말을 몇 번이고 곱씹으며 고개를 끄덕였다.

남편은 일을 그만두고 병원에 입원해 있는 동안 아내와 아이들의 남편이자 아버지로서 많은 생각을 한 듯했다. 어디론가 사라져버려야겠다는 생각도, 이혼을 해야겠다는 생각도 머릿속을 스쳐 지나갔다고 했다. 그는 눈물을 흘리며 이렇게 말했다.

"아무리 생각해도 답이 나오지 않아 너무나 괴로웠는데 '아무 생각도 하지 않는 나'라는 말을 입 밖으로 내뱉은 순간 나를 용서해도 된다는 생각이 들었어요."

아내 역시 남편이 "내 원동력은 가족의 행복이야"라는 말을 했다는 이야기를 전해 듣고 눈물을 흘렸다. 아내는 네 아이를 홀로 지키면서도 남편을 절대 포기하지 않겠다고 했다. 우울증 환자의 가족이 무너져 내리는 것을 여러 차례 목격했지만 자신은 절대 포기하지 않겠다고 다짐했다. 언젠가 가족이 모두 모여 행복하게 살기를 바라는 아내는 남편이 가족의 행복을 가장 소중히 여긴다는 사실을 알고 무척 든든했으리라.

테라피를 통해 환자와 가족의 유대가 깊어졌다는 사실은 매우 큰 의미가 있다. 색의 힘을 통해 드러난 진심이 마음의 병이 있는 사람들에게 인생을 포기하지 않고 살아갈 원동력이 되는 날이 오길 바란다.

남은 시간 동안
감사하고 싶다

계속 기침을 하는 남동생에게 혹시 모르니 검사를 받아 보라고 했다. 검사 결과는 슬프게도 폐암이었다. 아무렇지 않은 듯 담담하게 자신의 검사 결과를 털어놓은 남동생을 위해 내가 할 수 있는 일이 무엇일까 생각하고, 또 생각했다. 나는 액티브 컬러 테라피로 남동생의 마음을 진정시키고 하나하나 정리할 수 있도록 도움을 주기로 했다.

남은 시간을 어떻게 사용해야 남동생이 생의 마지막 순간에 "좋은 인생이었다"라고 말할 수 있을까. 남동생에게 도움을 줄 수 있는 테라피 코스를 만들기 위해 시행착오를 거듭했다. 남동생은 "내가 이런 코스를 만들었는데 해볼래?"라는 나의 제안에 진지한 표정으로 고개를 끄덕였다.

테라피를 받으며 남동생이 자신에게 전한 메시지는 "지금까지 신세를 진 사람들에게 감사를 전하고 싶다!"였다. 남동생의 얼굴에서 진정으로 자기 자신을 존중하는 사람만이 가질 수 있는 강인함을 엿볼 수 있었다. 반짝반짝 빛나는 남동생의 눈을 보며 자기 자신에 대한 존중이 얼마나 중요한지 깨달았다.

얼마 후 남동생의 부인에게 사실 앞으로 살날이 반년 정도밖에 남지 않았다는 이야기를 전해 들었다. 시한부 선고를 받았다니! 마음이 와르르 무너져 내렸다. 하지만 남동생은 그 후 3년 반 동안 자신과의 약속을 지키고, 종종 "고마워"라는 말을 하며 끝까지 성실하게 자신의 삶을 살아냈다.

남동생이 세상을 떠나기 전날 우리는 병실에서 단둘이 조용히 시간을 보냈다. 아무런 반응은 없었지만 남동생이 내 말을 듣고 있다는 확신이 있었다. 나는 차오르는 눈물과 함께 고마운 마음을 전했다.

돌아보면 남동생은 늘 조용히 내 이야기를 듣고는 "누나는 참 재밌어!"라고 말해주었다. 그것이 남동생의 애정 표현이라는 사실을 뒤늦게 깨달았다. 숨을 거두는 순간에도 함께했고, 장례식도 다 마쳤지만 남동생이 떠났다는 사실이 여전히 믿기지 않는다.

움직이지 못하는 동생에게 슬픔과 연민을 느끼는 동시에 내게는 '보고 싶다', '먹고 싶다', '만나고 싶다', '가보고 싶다' 등의 욕망이 있고, 그것을 이룰 수 있는 체력과 시간, 환경이 존재한다는 사실에 감사함을 느꼈다. 아름답다, 즐겁다, 맛있다, 짜증난다, 아프다, 분노한다 등의 감정을 느끼는 것은 내가 지금 살아 있기 때문이라는 사실을 남동생이 다시금 알려주었다.

지금 이 순간 동생의 존재를 더욱 크게 느끼는 것은 내가 나이를 먹었기 때문일지도 모른다. 요즘에는 생명의 소중함이 커지는 만큼 감사가 깊어지는 나날을 보내고 있다.

'삶의 질 코스(151쪽)'는 남동생을 위해 만든 것이다. 남동생은 어릴 때부터 나와 가장 가까운 존재였다. 남동생이 "고마워"라는 말로 인생을 마무리했다는 이야기를 듣고 이 코스가 남은 시간을 더욱 풍요롭게 보내고자 하는 사람들에게 도움이 되길 진심으로 바라게 되었다.

남동생의 49재를 마치고 하늘을 올려다보았다. 산속 나무들은 푸른 생명력을 내뿜으며 높고 청량한 하늘을 지탱하고 있었다. 세상에는 놀라울 정도로 아름다운 색이 가득하다는 사실을 다시금 깨달았다. 그리고 나는 지금 분명히 살아있다는 사실을 실감했다.

이때 문득 액티브 컬러 테라피는 신에게 받은 마지막 선물일지도 모른다는 생각이 들었다. 나는 신에게 받은 이 선물을 손에 넣은 뒤 나 자신을 온전히 받아들일 수 있었고, 삶이 편안해졌다. 그리고 이 선물을 다른 사람들과도 나누어야겠다고 생각했다.

나는 이 선물을 당신에게 전하고 싶다. 색의 힘으로 나, 그리고 고객들의 마음이 가벼워졌듯 당신의 마음 역시 가벼워지길 간절히 바란다.

자, 지금부터 직접
액티브 컬러 테라피를 진행해보자.
당신의 진짜 마음을 발견할 수 있을 것이다.

chapter 6.

12색 액티브 컬러 테라피
'실천편'

[액티브 컬러 테라피 진행 방법]

1. 12장의 카드(15쪽)를 점선을 따라 오린다.
2. 필기도구를 준비한다.
3. 테이블 등 평평한 곳에 12장의 카드를 펼친다.

1.
오늘의 기분을 알 수 있다

**매일 가볍게 할 수 있는 테라피다. 그 날 노력하고 싶은 것,
주의해야 할 것 등을 깨달을 수 있다.**

12장의 카드를 잘 섞은 뒤 자유롭게 펼친다. 그리고 눈을 감고 심호흡을 하며 마음을 가라앉힌다. 마음이 차분해지면 천천히 눈을 뜬다. 눈앞에 12장의 카드가 펼쳐져 있다. 직감에 따라 다음 질문에 알맞은 카드를 고른다.

질문 1
오늘의 기분에 맞는 색은 무엇인가?.

선택한 색 (   )

질문 2

선택한 색을 보면 어떤 느낌이 드는가?

어떤 감정이 느껴지는가?

떠오른 생각을 있는 그대로 자유롭게 적어보자.

예: 시원하다, 마음이 따뜻해진다, 자립적인 느낌이 든다, 답답하다, 즐겁다, 힘이 넘친다 등

❏ 만일 고른 색이 '분홍색'이고, '리본'을 떠올렸다면 리본이 어떤 느낌인지, 어떤 감정이 느껴지는지 생각해보자.

예: 귀엽다, 사랑스럽다 등. 최종적인 답이 명사가 아니라 상태를 나타낼 때까지 계속 생각해야 한다.

❏ '오늘의 기분을 알 수 있다' 코스에서는 그 날 자신의 기분을 깨닫기만 하면 된다. 매일 반복하면 자신의 바이오리듬을 파악할 수 있다.

2.
매력을 발견하다

- 매력 발견 코스 -

**자신의 매력을 알면 자아존중감이 높아진다.
당신의 매력을 다시 한 번 확인하자.**

12장의 카드를 잘 섞은 뒤 자유롭게 펼친다. 그리고 눈을 감고 심호흡을 하며 마음을 가라앉힌다. 마음이 차분해지면 천천히 눈을 뜬다. 눈앞에 12장의 카드가 펼쳐져 있다. 직감에 따라 다음 질문에 알맞은 카드를 고른다.

질문 1
자신의 매력, 자질, 나다움은 어떤 색인가?

선택한 색 (   )

질문 2
이 색을 뒷받침하는 색은 무엇인가?

선택한 색 (   )

질문 3

질문 1에서 선택한 색을 보면 어떤 느낌이 드는가?

어떤 감정이 느껴지는가?

떠오른 생각을 있는 그대로 자유롭게 적어보자.

(A)

질문 4

질문 2에서 선택한 색을 보면 어떤 느낌이 드는가?

어떤 감정이 느껴지는가?

떠오른 생각을 있는 그대로 자유롭게 적어보자.

(B)

질문 5

자신의 매력, 자질, 나다움을 A라고 느낀다. 그리고 B가 그것을 뒷받침한다고 느낀다. 이것이 구체적으로 무엇을 의미한다고 생각하는가?

○ 질문 5에 대한 답이 바로 떠오르지 않을 수도 있다. 그럴 때는 잠시 시간을 갖도록 하자. 자기 내면에서 나온 말이기 때문에 자연스럽게 A와 B의 의미를 깨달을 수 있다.

3.
마음의 소리를 듣다

- 마음 정리 코스 -

**기본 코스다. 당신의 현재 상황을 분석해
앞으로 나아가고 싶은 방향을 알 수 있다.**

12장의 카드를 잘 섞은 뒤 자유롭게 펼친다. 그리고 눈을 감고 심호흡을 하며 마음을 가라앉힌다. 마음이 차분해지면 천천히 눈을 뜬다. 눈앞에 12장의 카드가 펼쳐져 있다. 직감에 따라 다음 질문에 알맞은 카드를 고른다.

질문 1
지금의 나는 어떤 색인가?
카드를 1장 골라보자.

선택한 색 (   )

방금 고른 카드는 한쪽에 치워두자.
현재 눈앞에는 11장의 카드가 남아 있다.

질문 2
이상적인 내 모습은 무슨 색인가?
카드를 1장 골라보자.

선택한 색 (　　　)

방금 고른 카드는 한쪽에 치워두자.
현재 눈앞에는 10장의 카드가 남아 있다.

질문 3
이상적인 내 모습이 될 수 있도록 응원하는 색은 무엇인가?
카드를 1장 골라보자.

선택한 색 (　　　)

방금 고른 카드는 한쪽에 치워두자.
현재 눈앞에는 9장의 카드가 남아 있다.

질문 4
이상적인 내 모습을 방해하는 색은 무엇인가?
카드를 1장 골라보자.

선택한 색 (　　　)

방금 고른 카드는 한쪽에 치워두자.
현재 눈앞에는 8장의 카드가 남아 있다.

질문 5

그 방해를 없애는 색은 무엇인가?

카드를 1장 골라보자.

선택한 색 (   )

방금 고른 카드는 한쪽에 치워두자.
현재 눈앞에는 7장의 카드가 남아 있다.
지금까지 선택한 5장의 카드를 섞은 뒤 1장을 고르자

질문 6

선택한 색을 보면 어떤 느낌이 드는가?

어떤 감정이 느껴지는가?

떠오른 생각을 있는 그대로 자유롭게 적어보자.

선택한 색 (   )

선택한 색을 보고 느낀 것

질문 7

남은 4장 중에서 1장을 고르자.

선택한 색을 보면 어떤 느낌이 드는가?

어떤 감정이 느껴지는가?

떠오른 생각을 있는 그대로 자유롭게 적어보자.

선택한 색 (   )

선택한 색을 보고 느낀 것

질문 8

남은 3장 중에서 1장을 고르자.

선택한 색을 보면 어떤 느낌이 드는가?

어떤 감정이 느껴지는가?

떠오른 생각을 있는 그대로 자유롭게 적어보자.

선택한 색 (   )

선택한 색을 보고 느낀 것

질문 9

남은 2장 중에서 1장을 고르자.

선택한 색을 보면 어떤 느낌이 드는가?

어떤 감정이 느껴지는가?

떠오른 생각을 있는 그대로 자유롭게 적어보자.

선택한 색 (   )

선택한 색을 보고 느낀 것

질문 10

마지막 1장을 고르자.
선택한 색을 보면 어떤 느낌이 드는가?
어떤 감정이 느껴지는가?
떠오른 생각을 있는 그대로 자유롭게 적어보자.

선택한 색 (   )

선택한 색을 보고 느낀 것

질문과 선택한 색을 보며 느낀 것들을 조합하면 내면의 목소리를 들을 수 있다.

'지금의 나는 어떤 색인가?'라는 질문 1의 답으로 고른 색은(   )이다. 질문 6~10에서 각자 색에 대해 어떻게 느꼈는가? 앞 페이지로 돌아가 확인해보자. 이는 구체적으로 무엇을 나타낸다고 생각하는가? 이것이 '지금의 나'를 보며 자신이 느끼는 심층 심리다.

'이상적인 내 모습은 무슨 색인가?'라는 질문 2의 답으로 고른 색은 (   )이다. 그 색에 대해 어떻게 느꼈다고 적었는가? 이는 구체적으로 무엇을 나타낸다고 생각하는가? 이것이 '이상적인 나'에 대한 생각이다.

'이상적인 내 모습이 될 수 있도록 응원하는 색은 무엇인가?'라는 질문 3의 답으로 고른 색은 (   )이다. 그 색에 대해 어떻게 느꼈다고 적었는가? 이는 구체적으로 무엇을 나타낸다고 생각하는가? 이것이 '이상적인 나를 응원하는 것'에 대한 생각이다.

'이상적인 내 모습을 방해하는 색은 무엇인가?'라는 질문 4의 답으로 고른 색은 (   )이다. 그 색에 대해 어떻게 느꼈다고 적었는가? 이는 구체적으로 무엇을 나타낸다고 생각하는가? 이것이 '이상적인 내 모습을 방해하는 것'에 대한 생각이다.

'그 방해를 없애는 색은 무엇인가?'라는 질문 5의 답으로 고른 색은 (   )이다. 그 색에 대해 어떻게 느꼈다고 적었는가? 이는 구체적으로 무엇을 나타낸다고 생각하는가? 이것이 '그 방해를 없애는 것'에 대한 생각이다.

5가지 색을 모두 대조하며 확인한 뒤 다시 12장의 카드를 자유롭게 늘어놓는다. 눈을 감고 심호흡을 하며 마음을 가라앉힌다. 마음이 차분해지면 천천히 눈을 뜬다.

질문 11
지금 이 순간 끌리는 색은 무엇인가?
선택한 색의 카드만 남기고 나머지 11장은 정리하자.
남겨진 색을 보면 어떤 느낌이 드는가?
어떤 감정이 느껴지는가?
떠오른 생각을 있는 그대로 자유롭게 적어보자.

선택한 색 (   )

선택한 색을 보고 느낀 것

질문 12
질문 11에서 적은 내용은 자신에게 보내는 메시지, 또는 결론이다. 이를 바탕으로 향후 구체적으로 무엇을 하고 싶은지 적어보자.

○ 여기에 적은 내용을 카드 등에 옮겨 적어 눈에 잘 들어오는 곳에 두고 행동으로 실천하자.

여기서부터는 액티브 컬러 테라피 각 코스의 질문만 게재한다. 앞의 세 코스처럼 직감에 따라 색을 고르고, 그 색을 보며 느낀 것을 노트 등에 적으며 테라피를 진행하자.

4.
인간관계의 고민을 해결하다

- 인간관계 코스 -

이 코스는 상대방을 생각하며 진행하는 테라피다.
상대방에게 자신이 취해야 하는 태도를 알 수 있다.

질문 1
자신이 상상한 상대방의 현재 상황이라고 생각되는 색을 고른다. 방금 고른 카드는 한쪽에 치워두자.

선택한 색 (   )

질문 2
상대방에게 바라는 이상적인 상태라고 생각되는 색을 고른다. 방금 고른 카드는 한쪽에 치워두자.

선택한 색 (   )

질문 3
상대방이 생각하는 나라고 생각되는 색을 고른다. 방금 고른 카드는 한쪽에 치워두자.

선택한 색 (   )

질문 4

상대방을 이상적인 상태로 만드는 나 자신이라고 생각되는 색을 고른다. 방금 고른 카드는 한쪽에 치워두자.

선택한 색 (   )

질문 5

상대방을 이상적인 상태로 만드는 나 자신이 되기 위해 필요하다고 생각되는 색을 고른다. 방금 고른 카드는 한쪽에 치워두자.

선택한 색 (   )

질문 6

상대방을 이상적인 상태로 만드는 나 자신이 되려는 데 방해가 된다고 생각되는 색을 고른다. 방금 고른 카드는 한쪽에 치워두자.

선택한 색 (   )

질문 7

질문 6의 방해를 없애기 위해 필요하다고 생각되는 색을 고른다. 방금 고른 카드는 한쪽에 치워두자.

선택한 색 (   )

질문 8

질문 1~7에서 선택한 색의 카드를 잘 섞는다. 그리고 각 색을 보며 어떤 느낌이 드는지, 어떤 감정이 느껴지는지 자유롭게 적어보자.

질문 1~7의 질문과 각 색을 보며 느낀 점을 대조한다.

이상의 과정을 모두 마친 뒤 다시 12장의 카드를 자유롭게 늘어놓는다.

눈을 감고 심호흡을 하며 마음을 가라앉힌다. 마음이 차분해지면 천천히 눈을 뜬다.

질문 9:

지금 이 순간 끌리는 색의 카드만 남기고 나머지 11장은 정리하자.

남겨진 색을 보면 어떤 느낌이 드는지, 어떤 감정이 느껴지는지 자유롭게 적어보자.

질문 10

질문 9에서 적은 내용은 자신에게 보내는 메시지, 또는 결론이다. 이를 바탕으로 향후 구체적으로 무엇을 하고 싶은지 적어보자.

○ 여기에 적은 내용을 카드 등에 옮겨 적어 눈에 잘 들어오는 곳에 두고 행동으로 실천하자.

5.
이상적인 결혼 상대를 알 수 있다

- 베스트 파트너 코스 미혼자 버전 -

앞으로 결혼할 생각이 있거나 지금 만나고 있는 상대가
결혼에 적합하다고 생각하는지 확인할 수 있다.

질문 1
이상적인 가정이라고 생각되는 색을 고른다. 방금 고른 카드는 한쪽에 치워두자.

선택한 색 (　　)

질문 2
결혼에 필요한 조건이라고 생각되는 색을 고른다. 방금 고른 카드는 한쪽에 치워두자.

선택한 색 (　　)

질문 3
지금의 자신이라고 생각되는 색을 고른다. 방금 고른 카드는 한쪽에 치워두자.

선택한 색 (　　　)

질문 4
이상적인 결혼 상대라고 생각되는 색을 고른다. 방금 고른 카드는 한쪽에 치워두자.

선택한 색 (　　　)

질문 5
이상적인 상대에게 어울리는 자신이라고 생각되는 색을 고른다. 방금 고른 카드는 한쪽에 치워두자.

선택한 색 (　　　)

질문 6
이상적인 상대에게 어울리는 당신이 될 수 있도록 응원한다고 생각되는 색을 고른다. 방금 고른 카드는 한쪽에 치워두자.

선택한 색 (　　　)

질문 1~6에서 선택한 색의 카드를 잘 섞는다. 그리고 각 색을 보며 어떤 느낌이 드는지, 어떤 감정이 느껴지는지 자유롭게 적어보자.

질문 1~6의 질문과 각 색을 보며 느낀 점을 대조한다.

이상의 과정을 모두 마친 뒤 다시 12장의 카드를 자유롭게 늘어놓는다. 눈을 감고 심호흡을 하며 마음을 가라앉힌다. 마음이 차분해지면 천천히 눈을 뜬다.

질문 7
지금 이 순간 이상적인 결혼 상대라고 생각되는 색의 카드를 고른다. 방금 선택한 색의 카드만 남기고 나머지 11장은 정리하자. 남겨진 색을 보면 어떤 느낌이 드는지, 어떤 감정이 느껴지는지 자유롭게 적어보자.

○ 질문 7에서 적은 내용이 당신의 이상적인 결혼 상대다.

6.
부부관계를 돌아보다

- 베스트 파트너 코스 기혼자 버전 -

부부 관계 개선에 도움이 되는 코스다.

질문 1
현재 파트너의 모습이라고 생각되는 색을 고른다. 방금 고른 카드는 한쪽에 치워두자.

선택한 색 (   )

질문 2
현재 자신의 모습이라고 생각되는 색을 고른다. 방금 고른 카드는 한쪽에 치워두자.

선택한 색 (   )

질문 3
둘의 현재 상황이라고 생각되는 색을 고른다. 방금 고른 카드는 한쪽에 치워두자.

선택한 색 (   )

질문 4
이상적인 파트너십(좋은 관계)이라고 생각되는 색을 고른다. 방금 고른 카드는 한쪽에 치워두자.

선택한 색 (　　　)

질문 5
이상적인 파트너십(좋은 관계)을 구축하기 위해 필요하다고 생각되는 색을 고른다. 방금 고른 카드는 한쪽에 치워두자.

선택한 색 (　　　)

질문 6
이상적인 파트너십(좋은 관계)을 구축할 때의 자신, 또는 이상적인 파트너십(좋은 관계)을 구축하기 위해 자신이 할 수 있는 일이라고 생각되는 색을 고른다. 방금 고른 카드는 한쪽에 치워두자.

선택한 색 (　　　)

질문 7
이상적인 파트너십을 방해한다고 생각되는 색을 고른다. 방금 고른 카드는 한쪽에 치워두자.

선택한 색 (　　　)

질문 8

질문 7의 방해를 제거하기 위해 필요하다고 생각되는 색을 고른다. 방금 고른 카드는 한쪽에 치워두자.

선택한 색 (   )

질문 1~8에서 선택한 색의 카드를 잘 섞는다. 그리고 각 색을 보며 어떤 느낌이 드는지, 어떤 감정이 느껴지는지 자유롭게 적어보자.

질문 1~8의 질문과 각 색을 보며 느낀 점을 대조한다.

이상의 과정을 모두 마친 뒤 다시 12장의 카드를 자유롭게 늘어놓는다. 눈을 감고 심호흡을 하며 마음을 가라앉힌다. 마음이 차분해지면 천천히 눈을 뜬다.

질문 9

지금 이 순간 끌리는 색의 카드만 남기고 나머지 11장은 정리하자. 남겨진 색을 보면 어떤 느낌이 드는지, 어떤 감정이 느껴지는지 자유롭게 적어보자.

질문 10

질문 9에서 적은 내용은 자신에게 보내는 메시지, 또는 결론이다.
이를 바탕으로 향후 구체적으로 무엇을 하고 싶은지 적어보자.

| |
| |

○ 여기에 적은 내용을 카드 등에 옮겨 적어 눈에 잘 들어오는 곳에 두고 행동으로 실천하자.

7.
아이의 마음을 알아가다

- 차일드 코스 -

어른이 아이에게 행하는 테라피다.
편안한 분위기에서 아이에게 질문하도록 하자.

질문 1
지금 기분이 어떤 색인지 고르게 하자. 방금 고른 카드는 한쪽에 치워두자.

선택한 색 (   )

질문 2
'기쁘다', 또는 '즐겁다'라고 느끼는 색을 고르게 하자. 방금 고른 카드는 한쪽에 치워두자.

선택한 색 (   )

질문 3
'불쾌하다', 또는 '슬프다'라고 느끼는 색을 고르게 하자. 방금 고른 카드는 한쪽에 치워두자.

선택한 색 (   )

질문 4
자신이 되고 싶은 색을 고르게 하자. 방금 고른 카드는 한쪽에 치워두자.

선택한 색 (　　　)

질문 5
자신이 되고 싶은 모습을 응원하는(도와주는) 색을 고르게 하자. 방금 고른 카드는 한쪽에 치워두자.

선택한 색 (　　　)

질문 1~5에서 선택한 색의 카드를 잘 섞는다. 그리고 각 색을 보며 어떤 느낌이 드는지, 어떤 감정이 느껴지는지 물어보자. 질문 1~5의 질문과 각 색을 보며 느낀 점을 대조해서 전달한다.

이상의 과정을 모두 마친 뒤 다시 12장의 카드를 자유롭게 늘어놓는다. 아이가 눈을 감고 심호흡을 하며 마음을 가라앉히게 한다. 마음이 차분해지면 천천히 눈을 뜨라고 한다.

질문 6
지금 이 순간 끌리는 색의 카드를 고르게 한 뒤 그 카드만 남기고 나머지 11장은 정리하자. 남겨진 색을 보면 어떤 느낌이 드는지, 어떤 감정이 느껴지는지 물어보자.

질문 7

질문 6에서 아이가 입 밖으로 꺼낸 말이 아이가 보내는 메시지, 또는 결론이다. 아이에게 그 내용을 바탕으로 "무엇을 할 수 있을까?"라고 물어보자.

아이의 대답을 반복해서 들려준다.

❍ 액티브 컬러 테라피에서는 마지막에 아이가 고른 색으로 그림을 그린다. 자신이 고른 색으로 그린 그림을 본 아이는 당시 자신이 한 말을 쉽게 떠올린다.

8.
실연을 극복하다

- 실연 테라피 코스 -

실연을 극복하지 못하고 앞으로 어떻게 해야 할지
갈피를 잡지 못할 때 큰 도움이 된다.

질문 1
현재 자신의 모습이라고 생각되는 색을 고른다. 방금 고른 카드는 한쪽에 치워두자.

선택한 색 (　　　)

질문 2
현재 상대방이라고 생각되는 색을 고른다. 방금 고른 카드는 한쪽에 치워두자.

선택한 색 (　　　)

질문 3
둘의 현재 상황이라고 생각되는 색을 고른다. 방금 고른 카드는 한쪽에 치워두자.

선택한 색 (　　　)

질문 4
현재 상황이 계속될 때 맞닥뜨리게 될 결과라고 생각되는 색을 고른다. 방금 고른 카드는 한쪽에 치워두자.

선택한 색 (   )

질문 5
앞으로의 자신에게 이상적인 상태라고 생각되는 색을 고른다. 방금 고른 카드는 한쪽에 치워두자.

선택한 색 (   )

질문 6
이상적인 상태를 실현하기 위해 필요하다고 생각되는 색을 고른다. 방금 고른 카드는 한쪽에 치워두자.

선택한 색 (   )

질문 7
이상을 실현하는 데 방해가 된다고 생각되는 색을 고른다. 방금 고른 카드는 한쪽에 치워두자.

선택한 색 (   )

질문 8
질문 7의 방해를 제거하기 위해 필요하다고 생각되는 색을 고른다. 방금 고른 카드는 한쪽에 치워두자.

선택한 색 (　　　)

질문 1~8에서 선택한 색의 카드를 잘 섞는다. 그리고 각 색을 보며 어떤 느낌이 드는지, 어떤 감정이 느껴지는지 자유롭게 적어보자.

```
                                          
                                          
```

질문 1~8의 질문과 각 색을 보며 느낀 점을 대조한다.

이상의 과정을 모두 마친 뒤 다시 12장의 카드를 자유롭게 늘어놓는다. 눈을 감고 심호흡을 하며 마음을 가라앉힌다. 마음이 차분해지면 천천히 눈을 뜬다.

질문 9
지금 이 순간 어떤 색을 고르고 싶은가? 그 색의 카드만 남기고 나머지 11장은 정리하자. 남겨진 색을 보면 어떤 느낌이 드는지, 어떤 감정이 느껴지는지 자유롭게 적어보자.

```
                                          
                                          
```

질문 10
질문 9에서 적은 내용은 자신에게 보내는 메시지, 또는 결론이다.

이를 바탕으로 향후 구체적으로 무엇을 하고 싶은지 적어보자.

| |
| |

○ 여기에 적은 내용을 카드 등에 옮겨 적어 눈에 잘 들어오는 곳에 두고 행동으로 실천하자.

9.
인생에서 중요한 것이 무엇인지 알 수 있다

내 인생의 우선순위는 무엇인가?
마음의 소리에 귀를 기울여보자.

질문 1
인생에서 지금 중요하다고 생각되는 3가지 색을 고른다. 방금 고른 카드는 한쪽에 치워두자.

선택한 색 A (　　)
선택한 색 B (　　)
선택한 색 C (　　)

질문 2
질문 1에서 고른 A를 응원한다고 생각되는 색을 고른다. 방금 고른 카드는 한쪽에 치워두자.

A를 응원하는 색 D (　　)

질문 3

질문 1에서 고른 B를 응원한다고 생각되는 색을 고른다. 방금 고른 카드는 한쪽에 치워두자.

B를 응원하는 색 E (   )

질문 4

질문 1에서 고른 C를 응원한다고 생각되는 색을 고른다. 방금 고른 카드는 한쪽에 치워두자.

C를 응원하는 색 F (   )

질문 1~4에서 고른 6가지 색을 보며 각각 어떤 느낌이 드는지, 어떤 감정이 느껴지는지 자유롭게 적어보자.

```
┌─────────────────────────────────────┐
│                                     │
│                                     │
└─────────────────────────────────────┘
```

이후의 질문은 각 색을 보며 적은 내용을 바탕으로 대답한다.

질문 5

지금 인생에서 중요한 것 중 하나가 A이며, 이를 응원하는 것이 D라고 답했다. 이 2가지가 구체적으로 의미하는 바가 무엇인지 적어보자.

```
┌─────────────────────────────────────┐
│                                     │
│                                     │
└─────────────────────────────────────┘
```

질문 6

지금 인생에서 중요한 것 중 다른 하나가 B이며, 이를 응원하는 것이 E라고 답했다. 이 2가지가 구체적으로 의미하는 바가 무엇인지 적어보자.

질문 7

지금 인생에서 중요한 것 중 마지막 하나가 C이며, 이를 응원하는 것이 F라고 답했다. 이 2가지가 구체적으로 의미하는 바가 무엇인지 적어보자.

질문 8

질문 5, 6, 7에서 적은 내용에 우선순위를 부여하자. 가장 높은 우선순위를 부여한 것이 자신의 인생에서 가장 중요한 것이다. 이를 바탕으로 무엇을 할 수 있을지 적어보자.

○ 여기에 적은 내용을 카드 등에 옮겨 적어 눈에 잘 들어오는 곳에 두고 행동으로 실천하자.

10.
긍정적인 마음을 끌어내다

- 액티브 코스 -

우울할 때, 또는 새로운 도전을 시작할 때 활용해보자.

질문 1
자신의 목표를 나타낸다고 생각되는 색을 고른다. 방금 고른 카드는 한쪽에 치워두자.

선택한 색 (   )

질문 2
나답다고 느껴지는 색을 고른다. 방금 고른 카드는 한쪽에 치워두자.

선택한 색 (   )

질문 3
풍요로움을 위해 필요하거나 원동력이 된다고 생각되는 색을 고른다. 방금 고른 카드는 한쪽에 치워두자.

선택한 색 (   )

질문 4

자신의 바람이라고 생각되는 색을 고른다. 방금 고른 카드는 한쪽에 치워두자.

선택한 색 (   )

질문 5

자신의 바람을 응원하거나 실현하기 위해 필요하다고 생각되는 색을 고른다. 방금 고른 카드는 한쪽에 치워두자.

선택한 색 (   )

질문 1~5에서 선택한 색을 보며 각각 어떤 느낌이 드는지, 어떤 감정이 느껴지는지 자유롭게 적어보자.

| |
| |

질문 1~5의 질문과 각 색을 보며 느낀 점을 대조한다.

이상의 과정을 모두 마친 뒤 다시 12장의 카드를 자유롭게 늘어놓는다. 눈을 감고 심호흡을 하며 마음을 가라앉힌다. 마음이 차분해지면 천천히 눈을 뜬다.

질문 6

지금 이 순간 자신에게 필요하다고 생각되는 색의 카드를 고른 뒤 나머지 11장은 정리하자. 남겨진 색을 보면 어떤 느낌이 드는지, 어떤 감정이 느껴지는지 자유롭게 적어보자.

질문 7

질문 6에서 적은 내용은 자신에게 보내는 메시지, 또는 결론이다. 이를 바탕으로 향후 구체적으로 무엇을 하고 싶은지 적어보자.

○ 여기에 적은 내용을 카드 등에 옮겨 적어 눈에 잘 들어오는 곳에 두고 행동으로 실천하자.

11.
목표를 찾는다

앞으로(다음 달/내년)의 목표를 정하고 싶을 때 활용하자.

질문 1
앞으로(다음 달/내년) 이루고 싶은 일이라고 생각되는 색을 고른다. 방금 고른 카드는 한쪽에 치워두자.

선택한 색 (   )

질문 2
앞으로(다음 달/내년) 이루고 싶은 일을 응원한다고 생각되는 색을 고른다. 방금 고른 카드는 한쪽에 치워두자.

선택한 색 (   )

질문 3
질문 1에서 고른 색을 보면 어떤 느낌이 드는지, 어떤 감정이 느껴지는지 자유롭게 적어보자.

(A)

질문 4
질문 2에서 고른 색을 보면 어떤 느낌이 드는지, 어떤 감정이 느껴지는지 자유롭게 적어보자.

(B)

질문 5
내가 앞으로 이루고 싶은 일은 A다. 그리고 이를 응원하는 것이 B다. A와 B가 구체적으로 의미하는 바가 무엇인지 적어보자.

질문 6
질문 5에서 적은 것을 위해 무엇을 해야 할지 적어보자.

○ 여기에 적은 내용을 카드 등에 옮겨 적어 눈에 잘 들어오는 곳에 두고 행동으로 실천하자.

12.
시한부 선고를 받은 사람들을 위해

- 삶의 질 코스 -

시한부 선고를 받은 사람들을 위해 만들어진 코스다.
앞으로의 시간을 어떻게 보내고 싶은지
알아보고 싶을 때 활용하도록 하자.

질문 1
지금까지 지나온 인생이라고 생각되는 색을 고른다. 방금 고른 카드는 한쪽에 치워두자.

선택한 색 (   )

질문 2
앞으로 살아가고 싶은 이상적인 인생이라고 생각되는 색을 고른다. 방금 고른 카드는 한쪽에 치워두자.

선택한 색 (   )

질문 3
이상적인 인생을 위해 필요하다고 생각되는 색을 고른다. 방금 고른 카드는 한쪽에 치워두자.

선택한 색 (   )

질문 4

이상적인 인생을 방해한다고 생각되는 색을 고른다. 방금 고른 카드는 한쪽에 치워두자.

선택한 색 (   )

질문 5

질문 4의 방해를 제거하기 위해 필요하다고 생각되는 색을 고른다. 방금 고른 카드는 한쪽에 치워두자.

선택한 색 (   )

질문 1~5에서 선택한 색을 보며 어떤 느낌이 드는지, 어떤 감정이 느껴지는지 자유롭게 적어보자.

| |
| |

질문 1~5의 질문과 각 색을 보며 느낀 점을 대조한다.

이상의 과정을 모두 마친 뒤 다시 12장의 카드를 자유롭게 늘어놓는다. 눈을 감고 심호흡을 하며 마음을 가라앉힌다. 마음이 차분해지면 천천히 눈을 뜬다.

질문 6

지금 이 순간 자신에게 필요하다고 생각되는 색의 카드를 고른 뒤 나머지 11장은 정리하자. 남겨진 색을 보면 어떤 느낌이 드는지, 어떤 감정이 느껴지는지 자유롭게 적어보자.

| |
| |

○ 질문 6에서 적은 내용은 자신의 깨달음이다. 이 내용을 카드 등에 옮겨 적은 뒤 마음에 간직하자.

부록

12색 액티브 컬러 테라피 실제 사례

지금부터는 액티브 컬러 테라피스트가
테라피를 진행하는 방식을 공개할까 한다.
기본적인 흐름은 자신에게 행하는 테라피와 같지만,
고객이 입 밖으로 낸 말을
테라피스트가 반복함으로써
고객은 자신이 한 말을 더욱 확실하게 자각하게 된다.
자신이 한 말을 자신의 귀로 직접 들으면
더욱 깊이 마음속에 새겨지기 때문이다.

빈껍데기 같은 일상에서
긍정적인 마음을 되찾고 싶다!

50대 여성 C씨는 몇 년 전에 남편을 먼저 떠나보냈고, 자녀들도 모두 결혼해 독립했다. 최근에는 부모님마저 잇달아 세상을 떠났다. 외동딸이었던 C씨는 하루도 쉬지 않고 돌보던 부모님이 세상을 떠나자 모든 의욕을 잃고 우울한 나날을 보냈다. 그러던 어느 날 C씨는 하루라도 빨리 슬픔에서 벗어나야 한다는 사실을 깨닫고 직접 테라피를 신청했다. 이에 긍정적인 마음과 활력을 되찾기 위한 '액티브 코스(146쪽)'를 진행했다.

(C: 고객, Y: 액티브 컬러 테라피스트)

Y: "오늘은 색을 통해 내면의 긍정적인 마음에 집중하고자 합니다. 눈을 감고 천천히 심호흡을 하며 마음을 가라앉혀주세요."
C: 눈을 감는다.
Y: 12가지 색의 컬러 도트 카드를 섞어 C 앞에 펼쳐놓는다.

Y: "마음이 차분해지면 편하게 눈을 뜨세요."
C: 천천히 눈을 뜬다.
Y: C가 천천히 차분하게 눈을 뜨는 모습을 지켜본다.

Y: "지금부터 질문을 하겠습니다. 눈앞에 있는 12가지 색의 카드 중 질문의 답이라고 생각되는 색을 직감에 따라 골라주세요."

Y: "당신의 목표나 지향점이라고 생각되는 색은 무엇인가요?"

C: "음… 왠지 모르게 하늘색이라는 생각이 들어요."
Y: "직감에 따라 선택하는 것이니 근거는 없어도 됩니다. 하늘색이 군요. 감사합니다."
Y: 하늘색 컬러 도트 카드를 빼놓는다.

Y: "그렇다면 나답다고 생각되는 색은 무엇인가요?"
C: "실버에 눈이 가네요."
Y: "네, 실버군요."
Y: 실버 컬러 도트 카드를 빼놓는다.

Y: "다음으로 당신의 풍요로움을 위해 필요하거나 원동력이 된다고 생각되는 색은 무엇인가요?"
C: "노란색이에요."
Y: "노란색이군요. 색을 선택하는 속도가 점점 빨라지고 있네요."
Y: 노란색 컬러 도트 카드를 빼놓는다.

Y: "그렇다면 당신의 바람이라고 생각되는 색은 무엇인가요?"
C: "골드인 것 같아요."
Y: 골드 컬러 도트 카드를 빼놓는다.

Y: "마지막으로 당신의 바람을 응원하거나 실현하기 위해 필요하다고 생각되는 색은 무엇인가요?"
C: "파란색이요."
Y: C가 고른 5가지 색의 카드를 제외하고 모두 치운다.

Y: 5장의 컬러 도트 카드를 섞어 C 앞에 펼쳐놓는다.

Y: "노란색이에요. 이 색을 보면 어떤 것이 떠오르나요?"
C: "산책이요. 산책을 가장 좋아한다는 느낌이 들어요."
Y: 노란색 옆에 '산책, 산책을 가장 좋아한다'라고 적는다.
Y: "산책을 가장 좋아하시는군요. 색을 보며 느끼는 것들은 사람마다 다르니 정답이 정해져 있지 않아요. 지금처럼 느껴지는 것을 그대로 말씀해주시면 됩니다."

Y: "다음은 파란색입니다. 이 색을 보면 어떤 것이 떠오르나요?"
C: "노력해야 한다, 공부 같은 느낌이요."
Y: "공부군요."
Y: 파란색 옆에 '공부'라고 적는다.

Y: "실버네요. 그럼 이 색을 보면 어떤 것이 떠오르나요?"
C: "상쾌함, 깨끗함 같은 것이요."
Y: "상쾌함, 깨끗함… 좋습니다."
Y: 실버 옆에 '상쾌함, 깨끗함'이라고 적는다.

Y: "하늘색입니다. 이 색을 보면 어떤 것이 떠오르나요?"
C: "상쾌함, 차분함이요."
Y: "상쾌함, 차분함이군요. 상쾌함이 두 번 나왔네요."
Y: 하늘색 옆에 '상쾌함, 차분함'이라고 적는다.

Y: "마지막은 골드입니다. 이 색을 보면 어떤 것이 떠오르나요?"

C: "차분함, 다도 그 자체, 아무 생각도 하지 않는다… 그런 것들이요."

Y: "차분함, 다도 그 자체, 아무 생각도 하지 않는다… 그렇군요."

Y: 골드 옆에 '차분함, 다도 그 자체, 아무 생각도 하지 않는다'라고 적는다.

[고객에게 전달하는 피드백]

Y: 고객이 고른 색을 보며 느낀 것을 그대로 읽으며 피드백을 진행한다.

Y: "먼저 C씨의 목표, 지향점은 '상쾌함, 차분함'이라고 말씀하셨어요. 즉 자신의 목표를 '상쾌함과 차분함'이라고 생각하고 있다는 뜻입니다. 어떠세요?"

C: 잠시 생각한다.

C: "맞아요. 항상 상쾌하고 차분하게 지내고 싶다고 생각했어요. 그런데 그게 목표라니 무슨 뜻이죠?"

Y: "'당신의 목표라고 생각하는 색은 무엇인가요?'라는 질문을 듣고 하늘색을 고르셨죠. 하늘색을 보면 떠오르는 것이 상쾌함과 차분함이라고 하셨고요."

C: "아, 그렇네요."

Y: 생긋 웃는다.

Y: "즉 자신의 목표가 상쾌함과 차분함이라고 생각한다는 뜻이죠."

C: "아하, 그렇군요! 그런 것 같기도 하네요. 항상 '차분하게 살 수만 있다면 인생이 행복할 텐데'라고 생각하거든요."

Y: "그렇다면 다음으로 넘어가겠습니다. 자신을 나타내는 색을 고르고 하신 말씀은 '상쾌함, 깨끗함'이었어요. 어떠신가요?"
C: 고개를 크게 끄덕인다.
C: "네, 맞아요. 저는 그런 사람이 되고 싶어요."

Y: "풍요로움을 느끼거나 원동력이 된다고 생각하는 것을 물었을 때 '산책, 산책을 가장 좋아해요'라고 답하셨어요. 어떠세요?"
C: 표정이 밝아진다.
C: "맞아요. 저는 산책을 무척 좋아해요. 반려견과 함께 산책하면 힘이 나죠."
C: 자신 있게 말하며 미소 짓는다.

Y: "'당신의 바람은 무엇인가요?'라는 질문에는 '차분함, 다도 그 자체, 아무 생각도 하지 않는다'라고 대답하셨어요. 어떠세요?"
C: "네, 다도를 오래 했고 가르치기도 하거든요. 다도를 할 때는 마음이 차분해지고 복잡한 생각이 사라지죠."
Y: "다도를 오래 하셨군요. 정말 멋져요."

Y: "자신의 바람을 응원하거나 실현하기 위해 필요한 것이 무엇인지 묻자 '노력해야 한다, 공부'라고 답하셨어요. 어떻게 생각하세요?"
C: 고개를 크게 끄덕인다.

C: "맞아요. 다도에 대해 더 공부해야 한다고 생각해요."
Y: "더 공부해야 한다는 긍정적인 마음을 가지고 계시는군요."

Y: "그럼 다시 색을 통해 자신에게 보내는 메시지를 알아보겠습니다. 눈을 감고 심호흡을 하며 마음을 비워주세요."
C: 눈을 감는다.

Y: 12가지 색의 컬러 도트 카드를 섞어 C 앞에 펼쳐놓는다.

Y: "마음이 차분해지면 편하게 눈을 뜨세요."
C: 천천히 눈을 뜬다.
Y: C가 천천히 차분하게 눈을 뜨는 모습을 지켜본다.

Y: "이 12가지 색 중에서 지금 이 순간 끌리는 색은 무엇인가요?"
C: "골드예요."
Y: "이 색을 보면 어떤 생각이 떠오르나요?"
C: "음… '외로워하지 않아도 돼'라는 생각이 떠올라요."
C: 자신이 한 말에 놀란 표정을 짓는다.

C: "사실 저는 외로워하지 않아도 된다고 생각하는 건가요?"
Y: "그건 본인만 알 수 있어요. 지금 말씀하신 '외로워하지 않아도 돼'라는 말이 자신에게 보내는 메시지랍니다. 어떠세요?"
C: "신기해요. 왠지 힘이 나네요."
C: 표정이 밝아진다.

Y: "다른 사람에게 '외로워하지 않아도 돼'라는 말을 들으면 왠지 무책임하게 느껴질 수도 있죠. 하지만 자신이 한 말은 수월하게 받아들일 수 있어요."

C: 고개를 크게 끄덕인다.

Y: "그렇다면 C씨가 외로워하지 않기 위해 구체적으로 할 수 있는 일은 무엇일까요?"

C: 잠시 생각한다.

C: "피아노를 다시 쳐야겠어요. 예전에 교회에서 피아노 반주를 한 적이 있어요."

Y: "피아노라니 무척 멋지네요. 그럼 언제부터 피아노를 다시 칠 생각인가요?"

C: 곰곰이 생각한다.

C: "내년 1월부터 다시 시작할래요."

C: 밝은 표정을 짓는다.

Y: 골드색 카드와 골드색 펜을 건넨다.

Y: "자신과 하는 약속으로 '내년 1월부터 피아노를 다시 친다'라고 말씀하셨어요. 이 카드에 조금 전에 하신 말씀을 적어주세요."

C: 골드색 카드에 골드색 펜으로 '내년 1월부터 피아노를 다시 친다'라고 적는다.

Y: "이 카드를 눈에 잘 띄는 곳에 붙여두거나 항상 가지고 다니며 마음에 새겨주세요."

C: "알겠습니다. 감사합니다."

처음에는 쓸쓸함이 가득했던 C씨의 얼굴에 생기가 돌아오고 눈동자가 빛나기 시작했다. C씨는 얼마 후에 전화를 걸어 "테라피를 받고 나서 긍정적인 마음으로 생활하고 있어요"라며 감사 인사를 전했다.

에필로그

돌아보면 50대 때는 컬러 애널리스트 활동에 필요한 업무 도구를 차에 가득 실은 뒤 몇 시간을 쉬지 않고 운전하며 이곳저곳을 오갔다. 하루에 여섯 시간씩 강의를 해도 피곤하기는커녕 즐겁기만 했다. 70대인 지금은 적당한 휴식을 취하며 활동하고 있지만 지금이 인생에서 가장 인기가 많은 시기라고 생각한다. 그동안 많은 인연이 생긴 덕분이다.

나는 이 세상의 모든 젊은이들에게 "미래를 포기하지 마세요!"라는 말을 전하고 싶다. 귀를 기울여 내면의 소리를 들으면 자신을 소중히 여길 수 있다. 자신은 그 무엇과도 바꿀 수 없는 귀중한 존재라는 사실을 깨달은 사람은 주변 사람도 소중히 여긴다. 소중한 사람들과 함께 살아가는 삶은 얼마나 아름다울지 상상해보기 바란다.

나는 인생의 황혼기라고 여겨지는 시기에 액티브 컬러 테라피를 만났다. 그리고 보다 많은 사람에게 액티브 컬러 테라피를 전하는 것이 내 인생의 마지막 역할이라고 생각한다. 그러다보니 자연스럽게 출판이라는 형태로 내 노하우를 공개해 한 사람이라도 더 돕고 싶다는 마음이 생겼다. 그 마음을 실현하기까지 5년이라는 시간이 걸렸다.

내 간절한 바람을 이루어준 이 책의 편집자 미야카와 도모코(宮川知子)씨와 사토 도모미(佐藤友美)씨, 멋진 디자이너 가도 교코(加藤京子)씨에게 감사의 마음을 전한다. 그리고 늘 응원해준 가족들, 특히 내 딸 미네리(峰里)에게 고맙다고 말하고 싶다. 중요한 참모 역할을 담당해준 후지타 가오리(藤田香織)씨, 최선을 다해 도와준 액티브 컬러 테라피스트 동료들, 사례 공개를 흔쾌히 허락해주신 고객님들께도 고개 숙여 감사의 마음을 전한다.

마지막으로 이 책에 관심을 가져준 독자 여러분에게도 감사의 인사를 하고 싶다. 액티브 컬러 테라피가 여러분의 앞날에 도움이 되길 바란다. 모두가 진심으로 "나를 사랑해!"라고 외치며 살아가길 간절히 기도한다.

내 마음을 이해하는 컬러 테라피 처방전

일상을 바꾸는 12색 색채심리 기술

발행일 2023년 4월 18일
펴낸곳 동글디자인
발행인 현호영
지은이 요시하라 미네코
옮긴이 김지혜
편 집 김동화
디자인 오미인
주 소 서울특별시 마포구 백범로 35, 서강대학교 곤자가홀 1층
팩 스 070.8224.4322

ISBN 979-11-91925-13-5

12色セラピーで悩みがすっと消える
©Mineko Yoshihara 2017

Originally published in Japan by Shufunotomo Co., Ltd
Translation rights arranged with Shufunotomo Co., Ltd.
Through Eric Yang Agency, Inc.

이 책은 저작권자와의 독점계약으로 동글디자인에서 출간되었습니다.
저작권법에 의해 한국 내에서 보호를 받는 저작물이므로 무단전재와 복제를 금합니다.

잘못 만든 책은 구입하신 서점에서 바꿔 드립니다.

좋은 아이디어와 제안이 있으시면 출판을 통해 더 많은 사람에게 영향을 미치시길 바랍니다.
투고 및 제안: dongledesign@gmail.com